Das Alpha-Training

Das Alpha-Training

Die Original-Methode
von
G + M Friebe

DREI EICHEN VERLAG AG
MÜNCHEN + ENGELBERG/SCHWEIZ

CIP-Kurztitelaufnahme der Deutschen Bibliothek

Friebe, Günter:
Das Alpha-Training: d. Orig.-Methode
von G. + M. Friebe.
2. Aufl. – Engelberg/Schweiz;
München: Drei-Eichen-Verlag, 1983.
ISBN 3-7699-0395-1
NE: Friebe, Margarete

ISBN 3-7699-0395-1
Verlagsnummer 395

2. Auflage 1983
Gesamtherstellung: Isar-Post, Landshut

Inhaltsübersicht

Abbau von Hemmungen, Schwächen und Gewohnheiten ohne Willensanstrengung - Entschärfen negativer Eindrücke und Erlebnisse, Beseitigen von Belastungen - Überwinden psychischer Probleme - Herstellen innerer Ruhe und Gelassenheit - Harmonie

Steigern von Aktivität, Spannkraft und Lebensfreude - Einbauen zielsetzender Antriebe und Verhaltensmuster ins Unterbewußtsein (Leitbilder, die zielgerichtete Kräfte mobilisieren und das Verwirklichen von Zielen fördern) - inneres Einstellen auf bevorstehende Situationen und Aufgaben - Aktivieren helfender innerer Energien)

Wecken und Steigern brachliegender Fähigkeiten - Erhöhen der Lern-, Konzentrations- und Leistungsfähigkeit - Steigern der «Betriebsspannung»: mehr leisten bei geringerer Anstrengung

Fördern von Ideen, Assoziationen und Intuitionen (Kreativität) - Herstellen der Verbindung zum persönlichen und kollektiven Ideenpotential (Problemlösung)

Steigern der Kontaktfähigkeit - Herstellen harmonischer Beziehungen zu Mitmenschen - Einstellen auf die «kommunikative Wellenlänge» - Verbessern privater und beruflicher Beziehungen

Fördern geistiger Erlebnisse, die ganz neue Aspekte der Wirklichkeit zeigen.

Auf ein gegliedertes Inhaltsverzeichnis wurde verzichtet,

weil die Inhalte sich vielfältig überschneiden und nicht isoliert betrachtet werden sollen. Jede Inhaltsgruppe steht in einer Vielzahl von Sinnzusammenhängen, die sich schrittweise ergänzen und gegenseitig stützen müssen, um eine wirksame Basis für den Übungseffekt zu schaffen.

Geleitwort des Verlages

Margarete Friebe hatte schon als junges Mädchen ein tiefes Interesse für Erkenntnistheorie. Mit 18 Jahren kam sie zuerst in Kontakt mit östlichen Lehren. Mit Hingabe und Engagement lernte und übte sie die Lehren der östlichen Meister. Sie besuchte philosophische Vorträge an Hochschulen und hatte Kontakt zu lehrenden Persönlichkeiten im In- und Ausland, die sie auf ihrer Suche nach Erkenntnis weiterbildeten.

Ihr größter Lehrmeister war ihr Mann, Günter Friebe. Bei ihm erhielt sie die für sie bedeutendste Schulung im reinen Denken. Durch diese Ausbildung löste sich Margarete Friebe von allen bisherigen psychologischen und philosophischen Richtungen und widmete sich zusammen mit ihrem Mann ganz der Erkenntnistheorie. Gemeinsam befaßten sie sich mit der Erforschung des Unbewußten.

Aus dieser gemeinsamen Arbeit und dem Wunsch von Günter und Margarete Friebe, die in vielen Jahren erarbeiteten Erkenntnisse für sich selbst und für andere praktisch nutzbar zu machen, entstand das FRIEBE-ALPHA-TRAINING, das von der begrenzten Persönlichkeit zur erweiterten, zur «Multidimensionalen Persönlichkeit» führen kann.

Bewußtsein ist alles!

Nach dem Tode ihres Mannes im Jahre 1977 übernahm Margarete Friebe das Institut «Wirtschaft und Wort» als Alleininhaberin. 1980 gründete sie das «Alpha-Institut Wirtschaft und Wort» in Adligenswil/Schweiz.

Hermann Kissener

Gewidmet

meiner lieben und verständnisvollen Frau, die mit mir gemeinsam viele Jahre östliche und westliche geistige Methoden studiert hat – die mir in der Aufbauzeit ständig zur Seite stand – die mich in jeder Weise unterstützte, obwohl während der jahrelangen Studien und Entwicklungsarbeiten der größte Teil privater, finanzieller und gesellschaftlicher Interessen zurückstehen mußte – und die jetzt auch Kurse leitet, um unsere Alpha-Methode so vielen Menschen wie möglich zugänglich zu machen.

Günter Friebe

Wie oben so unten:
Wer in die Tiefe geht,
gewinnt die Höhen

Das FRIEBE ALPHA-TRAINING

die Brücke zu inneren Kräften
und unbewußten Fähigkeiten –
grundlegende Erweiterung persönlicher Möglichkeiten

Der Einfluß geistiger Energien
in allen Lebensbereichen.
Einsatz für
Gesundheit – Beruf – Privatleben – Kontakt

Die Praxis des Umgangs mit sich selbst,
die nur wenige Minuten am Tag kostet

Einführung

Dieses Buch setzt sich aus einem Vorbereitungs- und einem Hauptteil zusammen. Der Vorbereitungsteil ist konzentriert aufgebaut, denn hier ist straffe Konsequenz notwendig. Bitte lesen Sie diesen Teil sehr aufmerksam! Er gibt Ihnen die Grundlage dafür, den Hauptteil wirksam zu erarbeiten – unter den richtigen Gesichtspunkten.

Der Hauptteil ist lockerer gestaltet. Er umfaßt die detaillierten Wirkungsmöglichkeiten und die praktischen Übungen. Und er baut darauf auf, daß der Vorbereitungsteil sinngemäß erfaßt ist.

Im übrigen: Die Praxis ist viel leichter, als es anfangs während der Grunderläuterungen erscheinen mag. Sobald Sie beim Übungsteil angelangt sind, werden Sie feststellen, daß sich in Ihnen die geistig-seelischen Grundlagen gebildet haben, die einen leichten und reibungslosen Übungsablauf ermöglichen. Der praktische Einsatz der Methode dauert dann jeweils nur Minuten.

Vorbereitungsteil

Grundlage für das wirksame Erfassen des Hauptteils

Bitte gehen Sie konsequent schrittweise vor!

Unsere Alpha-Methode ist eine Quintessenz aus geistigen Erkenntnissen und Übungsmethoden des Ostens und Westens, kombiniert mit psychologischen und tiefenpsychologischen Einsichten. Auf dieser breiten Basis wurde unser Training in vielen Jahren durchentwickelt und ausgefeilt – zu einem abgerundeten System, das durch Erkenntnis und Erfahrung abgesichert ist. Jede Erläuterungs- und Übungsphase hat umfassende, vielschichtige Hintergründe, die hier nicht dargestellt werden können – sonst müßte ich statt eines Buches eine Bibliothek schreiben. Die Darstellungen können sich deshalb nur auf praxiswichtige Erkenntnisse und Aspekte konzentrieren. Und sie müssen in einer spezifischen Reihenfolge erfaßt werden:

Das ganze Buch (nicht nur die Übungen!) ist ein Schulungsweg. Er führt konsequent von den Erläuterungen bis zu den Übungen. Bitte greifen Sie nichts vorab heraus und überspringen Sie nichts, sondern lesen Sie lückenlos von vorn bis hinten. Das dabei entstehende Wechselspiel zwischen Informationen und Assoziationen schafft Wirkungszusammenhänge (bewußt und unbewußt), die den «fruchtbaren Boden» bereiten für einen erfolgreichen Übungsablauf.

Es kommt nicht darauf an, daß Sie die Erläuterungen im Gedächtnis behalten oder gar wiedergeben können. Wichtig ist nur, daß Sie aufmerksam lesen und den Sinn erfassen. Dabei entwickelt sich ganz von selbst die nötige geistige Übungsbasis.

Eine wichtige Information, die auch eine Warnung ist:

Unser Alpha-Training ist eine starke Methode; sie kann Ihr Leben ändern – einen neuen Menschen aus Ihnen machen (wenn Sie wollen) – Ihr Verhältnis zur Umwelt wandeln. Natürlich muß das Training gewissenhaft und richtig angewandt werden, denn es aktiviert tiefgreifende unbewußte Vorgänge.

Die Wirkung beruht darauf, daß neu entdeckte und bekannte Elemente des geistig-seelischen Geschehens zu einem neuartigen, zielgerichteten Zusammenspiel gebracht werden. Die Abläufe haben ihre eigenen Gesetze und können nicht vom Standpunkt bisheriger Erkenntnisse betrachtet werden. Ein Verändern oder ein Herausgreifen von Bestandteilen der Methode – gleichgültig mit welchen Zielen –, kann das Gesamtgefüge und die Wirkungen stören!

Diese Warnung hat ihre Gründe. Seit es unsere Alpha-Kurse gibt, gibt es auch Begeisterte, die sich zutrauen, etwas Ähnliches anzubieten – ein bißchen abgewandelt, um Urheberrechte zu umgehen. Gleichgültig, ob Idealismus oder Geschäftssinn dahintersteckt: diese Leute wissen nicht, was sie tun! Wer die Systeme nicht tiefgreifend selbst erarbeitet, sondern nur durch Kurse oder Unterlagen kennengelernt hat, kann die Methode zwar für sich anwenden – kann sie aber nicht lehren oder abwandeln. Denn es fehlt der Einblick in die vielfältigen Hintergründe und Zusammenhänge. Nur durch langes und gründliches Studieren vieler Sachgebiete ist es möglich, die besonderen Notwendigkeiten zu durchschauen, die sich (von Fall zu Fall variierend) in Kursen ergeben, oder die bei schriftlichen Anleitungen zu beachten sind. «Normale» Kenntnisse der Psychologie, Tiefenpsychologie oder Meditationsmethoden reichen nicht aus, um die Wirkungszusammenhänge unserer Alpha-Methode so umfassend zu verstehen, wie es für das Unterrichten erforderlich ist.

Lassen Sie sich also bitte nicht zu Experimenten mit andern Übungsformen anregen, die vom Alpha-Training abgeleitet sind. (Wenn Sie das Buch durchgearbeitet haben, ist es für Sie leicht, Nachahmungen und Ableitungen zu erkennen.) Jede Abwandlung und jedes Kombinieren der Alpha-Übungen mit anderen Methoden reduziert nicht nur die Wirkung, sondern kann zu unerwünschten Ergebnissen führen.

Damit Sie Vertrauen haben können,

gebe ich Ihnen noch einige Anhaltspunkte, die Ihnen zeigen, worauf unser Alpha-Training beruht. Anschließend erfahren Sie etwas über den Sinn des Namens «Alpha».

Das Prinzip stützt sich auf eine Vielzahl von Erkenntnissen aus den unterschiedlichsten Forschungsbereichen: Amerikanische und europäische Erfahrungen der Psychologie und Tiefenpsychologie wurden ebenso verarbeitet wie die Ergebnisse östlicher und westlicher Meditationspraxis und die Erkenntnisse der klassischen und der psychosomatischen Medizin. Parapsychologische Experimente und hypnotische Forschungen steuerten Informationen über unbewußte und außersinnliche Vorgänge bei. Philosophisch-geisteswissenschaftliche Erkenntnis und überkonfessionelle religiöse Grunderfahrungen aus Ost und West (ohne Bindung an eine Lehre oder Richtlinie) zeigten aufschlußreiche Sinnzusammenhänge. Es ließen sich noch eine ganze Reihe anderer Sachgebiete anführen, die eine wesentliche Rolle beim Aufbau des Trainings gespielt haben – aber die Aufzählung genügt, um zu zeigen, wie umfassend die Hintergründe sind.

Die Grundelemente und Wirkungsprinzipien der Alpha-Methode sind innerhalb der einzelnen Forschungsgebiete bekannt – teils seit langem, teils erst seit wenigen Jahren. Aber erst durch die Zusammenfassung unter methodischen Gesichtspunkten und Zielsetzungen entstand ein System, das eine praxisgerechte Nutzung der Einzelerfahrungen ermöglicht. Bei der Erarbeitung dieses Systems ergaben sich bedeutsame zusätzliche Erkenntnisse: Das Zusammenwirken der Details führte zu einem größeren Ganzen – mit eigenen, neuen Aspekten, die sich nicht aus den Einzelheiten, sondern nur aus der Gesamtwirklichkeit des Systems heraus entwickeln konnten.

Wichtige Schritte zur Entwicklung von Trainingsarten, die im Sinne unseres Alpha-Trainings wirken, wurden in den USA getan (Mind Control, Mind Development, Alphagenics). Mit den amerikanischen Methoden kam ich, gemeinsam mit meiner Frau, 1973 in Kontakt – nach mehr als zwanzig Jahren eigenen Studiums psychologischer, tiefenpsychologischer, meditativer und geisteswissenschaftlicher Erkenntnisse – auf der Suche nach weiteren Möglichkeiten intensiven geistigen Trainings. Vor allem in der Organisations- und Führungspsychologie war mir der Einfluß unbewußter Vorgänge immer klarer geworden. Ich hatte deshalb – gestützt auf die erwähnten Forschungsgebiete – wirksame Methoden zur gezielten Beeinflussung des unbewußten Geschehens erarbeitet und in psychologischen Seminaren unterrichtet.

Die amerikanischen Trainingsmethoden (wir lernten die Grundlagen und Ergebnisse bis in die Einzelheiten kennen) hatten viele Gemeinsamkeiten mit unseren eigenen Schulungswegen. Unterschiede lagen in der Bewertung einzelner Übungsziele und im Grad der Durcharbeitung der Trainingsphasen. In vielen Bereichen erwies sich unsere Basis als breiter und konsequenter aufgebaut – andererseits waren die amerikanischen Techniken äußerst zielstrebig. Ich entwickelte deshalb eine Synthese, in der sich die sichere, umfassende Grundlage der eigenen Methoden mit der Zielstrebigkeit der amerikanischen Techniken verbindet. Eine harmonische Anpassung der wirksamen Komponenten sorgt dafür, daß jede Übungsphase den verzweigten Hintergründen und Zusammenhängen entspricht. So entstand unser Alpha-Training als abgerundetes Ganzes, wie meine Frau und ich es seit 1973 in der BRD, der Schweiz und Österreich verbreiten.

Der Name «Alpha-Training» wurde aus zwei Gründen gewählt:

Während der Übungen treten Alpha- und Theta-Gehirnstromfrequenzen auf, die eine Aktivität in normalerweise unbewußten Bereichen anzeigen (Näheres später).

Dabei ist der Alpha-Zustand besonders typisch für die «Durchbruchsphase». Das ist der erste Grund. Und der zweite: Alpha ist der Anfang des griechischen Alphabets – ein Startsignal. Unser Alpha-Training ist der Start in einen neuen Lebensabschnitt mit ungeahnten Wirkungsmöglichkeiten.

In diesem Buch wird unser Training erstmals schriftlich dargestellt –

mit den nötigen Anpassungen, die sich durch die schriftliche Anleitung ergeben. (Beim Üben nach einem Buch gelten andere psychologische Gesetze als beim Üben in einer Gruppe unter persönlicher Leitung.)

Sollten Sie schon an unserem Kurs teilgenommen haben, dann ist eine breite und sichere Basis gelegt: Sie können die im Kurs geübten Abläufe ebenso verwenden wie die im Buch dargestellten Übungswege. Die Wirkungen können sich nicht gegenseitig stören, sondern nur ergänzen, denn die Prinzipien sind aufeinander abgestimmt.

Falls Sie noch an unserem Kurs teilnehmen, haben Sie durch das Buch eine besonders gute Grundlage für die aktive Nutzung des Kurses.

Günter Friebe

Haben Sie bis hierher alles gelesen?
Nur dann sollten Sie weitergehen!

Die wichtigsten Grunderläuterungen

In jedem Menschen liegen viele versteckte Möglichkeiten, die zielstrebig erschlossen werden können – durch einen Trainingsweg, der steuernden Einfluß auf verborgene, unbewußte Abläufe schafft. Friebe-Alpha-Training führt schnell und intensiv zu diesem Ziel! Was das bedeutet, können Sie sich vorstellen, wenn Sie einige grundlegende Fakten kennen:

Im Bereich des Unbewußten liegt die Basis für mehr als achtzig Prozent aller Aktivitäten und Reaktionen. (Betrachtungen über die «Prozentfrage» finden Sie später.) Unbewußte Vorgänge beherrschen oder beeinflussen: Körperfunktionen – Stimmungen und Gefühle – Antriebe und Hemmungen – Gedächtnis und geistige Leistungen – Bewußtseinszustände – automatische Verhaltensabläufe aller Art – und sogar den Kontakt zur Umwelt (unterhalb der «Bewußtseinsschwelle» findet eine ständige außersinnliche Kommunikation mit der Umwelt statt).

Wenn Sie durch das Training Einfluß auf die umfassend wirksamen unbewußten Kräfte gewinnen, haben Sie eine weit bessere Ausgangsbasis in allen Lebenslagen!

Wer nur sein «normales» Tagesbewußtsein einsetzt, beschränkt sich auf einen kleinen Teil seiner Fähigkeiten. Wer den Zugang zu den unbewußt wirkenden Kräften herstellt, kann diesen weit größeren Bereich zielgerichtet aktivieren und einsetzen: für ideelle Ziele und geistige Entwicklung ebenso wie für den Alltag, die Gesundheit, den äußeren Erfolg. Es eröffnet sich eine erstaunliche Zahl neuer Möglichkeiten, die das persönliche Streben auf eine viel breitere Grundlage stellen.

Selbstverständlich muß bei jedem tiefgreifenden Einfluß auf unbewußte Vorgänge äußerst gewissenhaft vorgegangen werden. Beim Alpha-Training ist die Sicherheit dafür gegeben. Darüberhinaus ist es so praxisgerecht aufgebaut, daß es jederzeit im Alltag eingesetzt werden kann. – Von anderen Methoden (Hypnose, Selbsthypnose, Autosuggestion, Biofeedback, Meditationen verschiedener Art), die Ähnliches anstreben und an geeigneter Stelle erwähnt werden, unterscheidet sich Alpha-Training durch

bewußte Aktivität – zielstrebige Steuerung und rasche Wirkung – weltanschauliche Neutralität – Unabhängigkeit von Lehrern und Geräten.

Wie funktioniert unser Alpha-Training?

Spezielle Gedanken- und Vorstellungsreihen führen den «Alpha-Bewußtseinszustand» herbei. In diesem Zustand entsteht (bei aktiver Selbststeuerung!) eine wohltuende Tiefentspannung. Gleichzeitig verbinden sich Gedankeninhalte der normalen «Außen-Orientierung» mit persönlichen Funktionen der «Innen-Orientierung» – und dadurch bildet sich eine Brücke zu tieferen Bewußtseinsebenen: ein Kontakt des wachen Bewußtseins zu dem Bereich, in dem die unbewußten Vorgänge ablaufen. Die Aktivität des Trainierenden hat dann einen direkten, steuernden Einfluß: Die Funktionen des Unbewußten werden so geprägt, wie es den bewußten Absichten entspricht; sie werden zu Helfern beim Anstreben bestimmter Ziele. Daß es Grenzen und übergeordnete Notwendigkeiten gibt, ist selbstverständlich – aber die Freiheitsspielräume des einzelnen sind weit größer als man zu hoffen wagt!

Ein meßbares Phänomen bestätigt den realen Kontakt zum Unbewußten: Während der Übungen treten – bei wachbewußter Aktivität – Alpha/Theta-Gehirnstromfrequenzen auf. Diese Frequenzen entstehen «normalerweise» nur in Dämmer- und Schlafzuständen oder in Hypnose, also bei unbewußtem oder halbbewußtem Geschehen. Durch das EEG (Elektroenzephalogramm) kann man die Frequenzen feststellen. Aber solche Messungen sind nur für die Forschung interessant. Für das Alpha-Training sind keine Geräte und Messungen erforderlich, denn die Gehirnstromveränderungen sind nichts anderes als automatisch auftretende Begleiterscheinungen beim Wechsel der Bewußtseinszustände. Wichtig sind nur die Gedanken- und Vorstellungsketten, die im Übungsteil erklärt und trainiert werden.

Hier ist zunächst eine deutliche Abgrenzung gegenüber dem Biofeedback-Training erforderlich, das auch als «Bio-Meditation» bezeichnet wird. Bei dieser Methode steht die «Produktion» von Alpha- und Theta-Gehirnströmen im Vordergrund. Man setzt Geräte ein, die den körperlichen Entspannungszustand messen. (Gehirnströme, Muskelströme, Hautoberflächenspannung dienen als Indikatoren.) Ist die gewünschte Entspannung eingetreten, gibt das Gerät dem Übenden Signale. Der Trainierende «konditioniert» sich durch vorwiegend unbewußtes Variieren seiner inneren Aktivität (oder Passivität) auf das Hervorrufen der Signale – und lernt dabei Entspannung. Ist sie erreicht, können aus dem Unbewußten die unterschiedlichsten Wirkungen hervortreten, und es sind auch suggestive Einflüsse möglich.

Im Gegensatz zum Alpha-Training wird die Entspannung beim Biofeedback nicht primär durch entspannende Bewußtseinssteuerung hergestellt, sondern sie entsteht mehr durch passive Einstimmung auf die Signale des Trainingsgeräts. Die Art des Kontakts zu tieferen Schichten wird weniger vom Bewußtsein als von den Reaktionen des Unbewußten bestimmt. Es handelt sich also um eine ungezielte, öffnende Bewußtseinsveränderung, die nicht unter unmittelbarer Kontrolle des steuernden Denkens steht. Dabei können ähnliche ich-schwächende Erscheinungen auftreten wie beim Drogengebrauch, der ebenfalls zu ungezieltem «Aufweichen» der Grenze zum Unbewußten führt. Zu dieser Gefahr treten andere Nachteile: Die Abhängigkeit vom Gerät ist oft nur schwer abzubauen – und die «technische Konditionierung» kann zu starr sein. (Es gibt Schwankungen im psychisch-physischen Geschehen, auf die sich der konditionierte Entspannungsvorgang nicht flexibel genug einstellt. Deshalb können Biofeedback-Übungen bei «passender» innerer Situation zu guter Entspannung führen, bei veränderter Situation unangenehme Zustände oder Spannungen verursachen.)

Unter dem Einfluß der Biofeedback-Erfahrungen wird oft (auch in der psychologischen Literatur) behauptet, das aktive Herstellen von Bildvorstellungen sei dem Erreichen des Alpha-Zustandes abträglich. Derartige Aussagen treffen jedoch nicht allgemein zu; sie gelten nur für das Gerätetraining – und für andere Methoden, bei denen die Entspannung durch vorstellungsfremde Mittel angestrebt wird. Wenn die Signale eines Geräts als Leitfaden dienen, kann eine davon abweichende andere Leitlinie (eine bestimmte geistige Aktivität) nur hinderlich oder störend sein.

Grundlegend anders ist es beim Alpha-Training. Hier gibt es keine vorstellungsfremden Entspannungsmittel – sondern geistige Aktivitäten dienen unmittelbar als Entspannungsauslöser! Sie führen den Alpha/Theta-Zustand auf eine Weise herbei, die in jedem Fall der individuellen inneren Situation entspricht. Festlegende technische Maßstäbe werden nicht benutzt, denn Gehirnstromfrequenzen oder andere elektrische Erscheinungen sind nicht Ausgangspunkt und Richtschnur, sondern nur

Begleitvorgänge des Trainings; sie passen sich der jeweiligen inneren Lage an.

Im Gegensatz zu allen Methoden, die den Kontakt zum Unbewußten durch herabgedämmtes Bewußtsein oder passives Sich-Öffnen anstreben, herrscht beim Alpha-Training ein aktiver Bewußtseinszustand, der das Geschehen lenkt. Dieser Punkt ist entscheidend! Denn bei allen Übungen, die den Bereich des Unbewußten berühren, kommt es auf ein gesichertes Vorgehen an, das bestimmten Notwendigkeiten entspricht:

> Während des Trainings muß eine wirksame Selbststeuerung bestehen: ein stabiler «roter Faden», der dafür sorgt, daß der Übende nicht in unerwünschte oder unkontrollierte Zustände hineingleitet.
>
> Die natürliche «Barriere» zwischen Bewußtem und Unbewußtem soll nicht unkontrolliert beseitigt werden (wie das bei Drogengebrauch, Konditionierung mit Geräten und ziellos öffnenden Meditationen geschehen kann) – denn die Barriere ist ein segensreicher Schutz der Persönlichkeit! (Im Unbewußten wirkt eine unendliche Vielzahl von Vorgängen. Wenn davon auch nur ein Bruchteil ungesteuert ins Bewußtsein dringt, kann Verwirrung eintreten. Bewußtseinserweiterung ist nur erstrebenswert, solange sie beherrscht wird – andernfalls vermag sie die Persönlichkeit zu ruinieren.)
>
> Das weise eingerichtete Gefüge des unbewußten Geschehens muß ungestört erhalten bleiben – denn es sorgt für automatische Abläufe, auf deren gesunde Funktion wir angewiesen sind. (Nur wenn hier Störungen vorliegen, ist ein korrigierender Zugriff sinnvoll.)

Unser Alpha-Training ist von Grund auf so aufgebaut, daß es die genannten Forderungen erfüllt. Es schafft ein «Steuerprogramm», das dem Übungsablauf sichere Strukturen gibt. Die «Barriere» zwischen Bewußtem und Unbewußtem wird nicht beseitigt oder aufgeweicht, sondern nur aktiv-zielsetzend überschritten – mit spezifischer Wirkung auf bestimmte Bereiche und Funktionen. Die gesunden Automatismen bleiben dabei unberührt. Das aktive Ich wird gestärkt und das Verhältnis zur Umwelt positiv gestaltet.

Die konsequente, zielstrebige Steuerung führt zu besonders intensiver und tiefgreifender Wirkung – und schafft gleichzeitig Sicherheit. Deshalb ist es möglich, unser Alpha-Training gefahrlos durchzuführen. Der Weg ist psychologisch, psychiatrisch und medizinisch abgesichert. (Näheres in den Grundsatz- und Übungserläuterungen.) Die Übungen bedürfen keiner Überwachung durch einen geistigen Führer (Guru) oder durch den Arzt. Wer in psychiatrischer Behandlung ist, sollte jedoch dem Therapeuten dieses Buch zeigen, bevor er Übungen durchführt. Durch Alpha-Training läßt sich übrigens die Behandlung intensiv unterstützen.

Grundsätzlich kann jeder nach dem Buch oder im Anschluß an einen Alpha-Kursus selbständig für sich trainieren. Versuchen Sie sich aber bitte nicht als Trainer für andere, denn beim Steuern anderer und vor allem beim Gruppentraining entstehen besonders tiefgreifende Wirkungen – und durch die Gruppensituation ergeben sich auf den tieferen Bewußtseinsebenen viele zusätzliche Aspekte. Zur gewissenhaften Steuerung dieser Prozesse gehören sehr umfassende Erkenntnisse über die Hintergründe der Methode, die weder in einem Buch noch in den Kursen behandelt werden können. Was Sie hier finden, ist ganz auf Selbsthilfe ausgerichtet!

Die Begriffe «Bewußtes» und «Unbewußtes»

müssen noch näher betrachtet werden, denn sie spielen in diesem Buch eine wichtige Rolle – und sie werden nicht von jedem in der gleichen Weise interpretiert. Wir brauchen deshalb eine gemeinsame Grundlage für die Verwendung der Begriffe.

Gehen Sie bitte davon aus, daß «bewußt» und «unbewußt» nicht starr gegeneinander abgegrenzt werden können. Es gibt keine wirkliche Barriere dazwischen! Es gibt nur unterschiedliche Bewußtseinszustände, in denen jeweils bestimmte Inhalte hervor- und andere zurücktreten. Beim Umschalten auf einen anderen Bewußtseinszustand verschieben sich die Grenzen zwischen «Bewußtem» und «Unbewußtem». Auch wenn diese beiden Bereiche in grundsätzlicher Art erwähnt werden, ist keine wesenhafte Trennung gemeint, sondern nur eine Aufteilung, wie sie im Rahmen der üblichen und vorherrschenden Bewußtseinszustände «normal» ist. Im Grunde sind Bewußtes und Unbewußtes ein Ganzes, und beides durchdringt sich mehr oder weniger – je nach momentaner Situation. Das Alpha-Training stellt ein kontrolliertes Zusammenspiel her:

Es geht von der vorherrschenden Bewußtseinslage aus (Außen-Orientierung im Rahmen der materiellen Sinneserfahrung) und verwandelt sie schrittweise durch geistige Übungen (Innen-Orientierung durch gelenkte Vorstellungskräfte) – bis zu einem Zustand, in dem die normalerweise verborgenen Persönlichkeitsbereiche direkt angesprochen werden, stets unter bewußter Steuerung durch das Ich.

Die Frage nach «Höhen» und «Tiefen», «Unterbewußtsein» und «Überbewußtsein»,

die immer wieder im Zusammenhang mit unserem Alpha-Training gestellt wird, läßt sich am besten durch einen alten Spruch beantworten: «Wie oben so unten». Ein weiser Spruch! Erfahrungen der Geistesforschung zeigen, daß in «Höhen» und «Tiefen» prinzipielle Gemeinsamkeiten herrschen.

«Hoch» und «Tief», «Oben» und «Unten» sind Begriffe, die nur bei einer Ortsbestimmung gegeneinander gestellt werden können – in der materiellen Welt, in der räumliche Verhältnisse eine Rolle spielen. In ideell oder qualitativ bestimmten Bereichen sind solche Bestimmungen so bedeutungslos wie Abmessungen, Zeiten und Geschwindigkeiten.

Wenn in diesem Buch «Tiefe» erwähnt wird, so ist damit weder eine Lokalisierung noch etwas Untergeordnetes gemeint. Im Gegenteil: «Tiefe» wird als Begriff für das Wesentliche, Innere gebraucht.

Die «Tiefen der Persönlichkeit» sind nicht «unten» oder untergeordnet, sondern es sind die inneren Qualitäten, die hinter der «Äußerlichkeit» stehen und ihr die Grundlage geben. Die Tiefen sind an sich weder gut noch böse, weder positiv noch negativ; sie können alle Eigenschaften in sich vereinigen. Sprache und psychologische Assoziationen zeigen, wie «Tiefe» im ideellen Rahmen zu verstehen ist: «Tiefe einer Sache» – «Stille Wasser sind tief» – «tiefere Bedeutung» – «tiefe Versenkung» – «abgrundtief böse» – «aus tiefstem Herzen» lieben oder hassen – «zutiefst ehrlich» usw.

In der Tiefe liegt mehr als in der momentanen, äußeren Erscheinung: Innerliches und Wesenhaftes, «niedrig Instinktives» ebenso wie «hohes Geistiges» – in einem übergeordneten Zusammenwirken, das uns nur zu einem kleinen Teil bewußt wird, uns aber weitgehend lenkt. Der Zugang dazu kann durch «Versenkung» geschaffen werden.

Wenn wir Kontakt zu tieferen Persönlichkeitsebenen anstreben, so ist das ein Kontakt zu Werten und Gesetzmäßigkeiten, die das äußere Dasein viel umfassender bestimmen, als es sich der «normalbewußte» Mensch vorstellt. Die Art der Kontaktaufnahme entscheidet darüber, welche unbewußten Qualitäten der Tiefe angesprochen werden – und in welcher Weise die Tiefenkräfte reagieren. Dabei kommt es auf die Einzelheiten des Vorgehens ebenso an wie auf das Zusammenspiel der Abläufe. Beim Alpha-Training sind die Elemente der «Vertiefung» so gestaltet und kombiniert, daß ganz gezielt die Kräfte angesprochen werden, die harmoniefördernd und persönlichkeitsstärkend wirken – und sich bewußt steuern lassen.

Im Dreieck,

das Sie bei unserer Alpha-Methode als graphische Darstellungsform der Persönlichkeit finden, drückt sich die «Gewichtigkeit» der Persönlichkeitsebenen anschaulich aus: Die Tiefen sind weit umfassender als die Spitze (das außenorientierte Geschehen). Der untere Teil des Dreiecks stellt den Gesamtbereich des Unbewußten dar;

er repräsentiert also das «Unterbewußte» und das «Überbewußte», die beide in ständiger Wechselbeziehung stehen – außerhalb des normalen Tagesbewußtseins. Doch die Grenzen zwischen bewußtem und unbewußtem Geschehen sind fließend. Betrachten Sie also die graphische Darstellung bitte nur als vereinfachten Ausdruck des Prinzips; sie soll nicht zur Annahme wirklich getrennter Bereiche führen, sondern nur zeigen, wie bedeutend der unbewußte Anteil am Ganzen ist.

Da es sich um geistig-seelische Vorgänge handelt, für die es kein räumlich festlegbares Oben und Unten gibt, könnte man das Dreieck auch auf die Spitze stellen, um die übergeordnete Bedeutung vieler Tiefenvorgänge zu kennzeichnen. Aber das würde der sprachlichen und assoziativen Funktion der «Tiefe» widersprechen. Auch die Freud'sche Darstellung (Über-Ich, Ich und Es) würde sich nicht eignen, denn sie wird der gegenseitigen Durchdringung der Bereiche, Werte und Abläufe nicht gerecht. Ich fand es deshalb vernünftig, die einfache Dreiecksform zu wählen, in der sich das prinzipielle Verhältnis zwischen Bewußtem und Unbewußtem ausdrückt – im Einklang mit der umfassenden Bedeutung der Tiefe als dem Innerlichen, das Werte vom «Hohen» bis zum «Niedrigen» in sich birgt. Die Dreiecksform genügt den praktischen Anforderungen der Trainings-Erläuterungen und entspricht im wesentlichen der Kegeldarstellung von C.G. Jung, in der auch die Umweltbeziehungen einfach darstellbar sind, die in den Tiefen bestehen.

Die Betrachtungen über Höhen und Tiefen sind vorwiegend für Leser gedacht, die sich mit den psychologisch-philosophischen Aspekten auseinandersetzen. Aber auch für jeden anderen sind die Erklärungen nützlich – denn sie lassen erkennen, warum das Wort «Unterbewußtsein» (das heute schon fast zum Vokabular der Grundschulen gehört) in diesem Buch nur selten vorkommt: Dieses Wort wird meist als generelle Bezeichnung für die Tiefen gebraucht; es wirkt abwertend («Unter...») und erweckt dadurch einen falschen Eindruck. Deshalb bevorzuge ich, wenn kein besonderer Grund für eine andere Bezeichnung vorliegt, den wertfreien Begriff «Unbewußtes».

Haben Sie bisher alles *gelesen?*
Nur dann sollten Sie weitergehen!

Hauptteil

Die Vielzahl der Wirkungsmöglichkeiten, die Sie durch unser Alpha-Training gewinnen

Die wenigsten Menschen haben eine Vorstellung davon, wie viele körperliche, seelische und geistige Vorgänge von unbewußten Kräften bestimmt werden, und wie stark der Einfluß dieser Kräfte auf das Verhältnis zur Umwelt ist.

Wenn man sagt: Mindestens achtzig Prozent aller Aktionen und Reaktionen werden vom unbewußten Geschehen in tieferen Persönlichkeitsebenen beherrscht – dann ist die Angabe des Prozentsatzes selbstverständlich nur ein unzulänglicher Versuch, die Verhältnisse durch eine Quantifizierung zu verdeutlichen. Je nach Art des Geschehens und der individuellen Situation kommen unterschiedliche Relationen in Frage. Und genau genommen sind überhaupt keine Zahlenverhältnisse festlegbar, weil sich die Bereiche gegenseitig durchdringen und überschneiden. Korrekt kann man sagen: Fast alle Vorgänge sind von unbewußten Komponenten durchdrungen, und die weitaus meisten werden vorwiegend von diesen Komponenten gesteuert. Betrachten wir die «achtzig Prozent» also nur als grob vereinfachten Ausdruck dieser Situation, um einen quantitativen Anhaltspunkt zu haben.

Sicher können Sie sich ausmalen, welche Möglichkeiten sich ergeben, wenn man Einfluß auf das enorme Potential der unbewußten Vorgänge erlangt. Die Basis des bewußten, zielstrebigen Handelns – der Freiheitsspielraum! – vergrößert sich erheblich (um es vorsichtig auszudrücken). Und es erschließen sich nicht nur durchgreifende Verbesserungsmöglichkeiten in allen Lebensbereichen, sondern zusätzlich eröffnen sich grundlegend neue Wege, an die man bisher noch nicht gedacht hat. Ich denke hier an geistige Erlebnisse, die ein weit umfassenderes und lebendigeres Bild der Wirklichkeit schaffen!

Ein Kursteilnehmer meinte nach den ersten zwei Stunden: «Unglaublich! Was Sie hier erzählen, kann gar nicht möglich sein.» Am Ende des Kurses sagte er: «Das ist eine neue Welt. Ich habe das Gefühl, bisher nur halb gelebt zu haben.» Diese Worte gebe ich hier wieder, weil sie besonders typisch und kurz das ausdrücken, was von vielen Trainingsteilnehmern sinngemäß geäußert wird.

Natürlich nutzt nicht jeder alle Möglichkeiten. Der Zeitaufwand dafür wäre zu groß. Aber es genügt ja schon, wenn Sie die zur Verfügung stehenden Kräfte für die Ziele einsetzen, die Ihnen besonders am Herzen liegen. In jedem Teilbereich können erstaunliche Erfolge erreicht werden.

Damit Sie im einzelnen wissen, wie groß die Zahl der Möglichkeiten ist, sehen wir uns konkret in den wichtigsten Anwendungsbereichen um. Doch zunächst ist eine

Grundsatzbetrachtung

notwendig, die es jedem erlaubt, den Ausführungen ohne weltanschauliche Widerstände zu folgen.

Mancher betrachtet das ganze Universum als «Geist» oder «Energie» in unterschiedlichen Schwingungsformen. Andere sehen die Welt als ein Zusammenwirken selbständiger immaterieller (geistig-seelischer) und materieller Kräfte. Wieder andere betrachten alles Sein und Geschehen als materiell – als ein kompliziertes System chemisch-elektrischer Vorgänge, dem allerdings ein Persönlichkeitscharakter zugeschrieben werden muß, aus dem sich die Tatsache der geistig-seelischen Komponenten erklärt: Bewußtsein, Denken und Vorstellungen, Absichten, Stimmungen, Empfindungen usw. (Diese Komponenten sind ja gewiß keine Materie.)

Im Augenblick soll die Frage nach der Philosophie ausgeklammert werden. (Später ergeben sich Anhaltspunkte für eine Stellungnahme.) Für die kommenden Erläuterungen und das reale Erleben ist es gleichgültig, ob Sie die Ur-Ursache der Vorgänge in einem geistigen Hintergrund oder in einem System physischer Prozesse vermuten. So wie Sie eine Hühnerfarm betreiben können, ohne geklärt zu haben, ob zuerst das Ei oder die Henne da war – so können Sie Alpha-Training durchführen, ohne zu wissen, ob Geist oder materielle Energie die Ursache allen Geschehens ist. Für die Praxis der Hühnerfarm genügt es, die Wechselwirkung zwischen Ei und Henne zu kennen. Und für die Praxis unseres Alpha-Trainings reicht es aus, die Wechselbeziehungen zwischen bewußten und unbewußten, geistig-seelischen und materiellen Prozessen zu kennen. Erkenntnistheoretisch ist es natürlich befriedigender, mehr über die Hintergründe zu erfahren. Deshalb kommen wir später noch zu weitergehenden Betrachtungen. Doch vorerst halten wir uns an die reinen Gegebenheiten.

Tatsache ist: Es gibt persönliches Bewußtsein und anderes geistig-seelisches Geschehen – vom Denken und Wollen bis zu Stimmungen und Gefühlen. Und es gibt Vorgänge, die außerhalb des Bewußtseins ablaufen, teils selbständig und teils vom bewußten Geschehen beeinflußt. Weiterhin zeigt die Erfahrung, daß wir durch das Versenken in tiefere Bewußtseinsebenen Einfluß gewinnen auf das, was dort (unbewußt) geschieht. Selbst tiefliegend-unbewußte «rein körperliche» (chemoelektrische) Vorgänge werden von tiefgehenden geistig-seelischen Aktivitäten modifiziert (in denen es ja ebenfalls chemoelektrische Komponenten gibt). Damit haben wir, unabhängig von jeder Weltbildfrage, alle gedanklichen Arbeitsgrundlagen für die kommenden Erläuterungen. Wenden wir uns nun dem ersten Hauptbereich zu, in dem wir Alpha-Methoden anwenden können.

Körperfunktionen

laufen zum weitaus größten Teil unbewußt ab. Das gilt nicht nur für die Funktionen der inneren Organe (z.B. Herz-, Kreislauf-, Magen-, Darm-, Drüsentätigkeit usw). Unbewußt sind auch körperliche Abläufe im Rahmen bewußter Handlungen! Denken Sie nur an so zielgerichtete Aktivitäten wie Gehen, Sprechen, Schreiben, Ballwerfen usw; sie erscheinen uns bewußt gelenkt, weil wir die Handlungen mit voller Absicht ausführen. Doch prüfen Sie einmal die Einzelheiten:

Achten Sie beim Gehen auf die Tätigkeit der einzelnen Muskeln? Steuern Sie beim Sprechen bewußt die Mund-, Zungen- und Lippenbewegungen? Kümmern Sie sich beim Schreiben um die Einzelabläufe (Formung der

Buchstaben, Einhalten der Abstände)? Konzentrieren Sie sich beim Ballwerfen auf die Muskelaktionen der Arme und Finger und auf die Ausgleichsbewegungen des Körpers?

Wenn Sie sich diese Abläufe vergegenwärtigen, stellen Sie fest: Ich weiß zwar stets, was ich tue – aber die Einzelheiten geschehen «automatisch»: unbewußt. Einen Teil dieser Funktionen mußten wir irgendwann lernen und üben – andere gingen von Anbeginn «instinktiv» richtig vor sich. In jedem Falle liegen die Steuervorgänge in «tieferen» Bereichen.

Die geschilderten unbewußten Funktionen gehören zu den Automatismen, die in allen äußeren Handlungen mitwirken. Es spielt keine Rolle, ob Sie sich diese Automatismen als «programmierte» Gehirn- und Nervenprozesse oder als Folge geistig-seelischer Impulse vorstellen. In jedem Falle verlaufen sie unbewußt und werden von wechselnden psychischen Situationen beeinflußt: Je nach Gemütsverfassung geht, schreibt und spricht der Mensch anders. (Der Unterschied zwischen wesensbedingten, habituellen und aktuellen Verhaltensmerkmalen ist in diesem Zusammenhang unerheblich, denn es geht um das Prinzipielle. Die aktuelle innere Situation modifiziert alle – selbst tiefverwurzelte – Ablaufschemata.)

Es ist eine weise Einrichtung, daß die unbewußten Automatismen für die Details der Abwicklungen sorgen. Stellen Sie sich vor, Sie müßten beim Gehen oder Sprechen ständig auf die einzelnen Muskelbewegungen achten! Sie könnten keinen fließenden Ablauf zustande bringen und würden das Ziel aus dem Auge verlieren.

Auf die zielstrebige, zweckgerichtete Mitwirkung der unbewußten Automatismen sind wir in allen Lebensbereichen angewiesen. Solange sie nach unseren Wünschen und Vorstellungen funktionieren, brauchen wir uns nicht darum zu kümmern. Aber manchmal gibt es Schwierigkeiten: Die Automatismen versagen oder laufen unvollkommen ab. Oder sie widerstreben unseren Wünschen. Dann können wir auf die übliche Weise üben, um die erwünschten Funktionen allmählich einzuhämmern. Oder wir können die unbewußten Steuerprinzipien auf direktem Wege durch Alpha-Übungen ansprechen; dabei setzen wir «Leitbilder», die den automatischen Abläufen als Muster und Maßstäbe dienen. Das eine schließt das andere nicht aus: Alpha-Training und äußeres Üben ergänzen sich ausgezeichnet.

Ob Sie an private, berufliche oder sportliche Ziele denken (erfolgreiche Verhaltensweisen, zielentsprechende automatische Reaktionen): Friebe-Alpha-Training ist ein Instrument, mit dem sich die unbewußten Automatismen beeinflussen lassen. Unerwünschte Abläufe können korrigiert, erwünschte «Ablaufprogramme» können eingebaut werden. Durch das Versenken von Leitbild-Ideen in tiefere Persönlichkeitsebenen werden Impulse gesetzt, die sich wie Muster auf das innere Geschehen auswirken.

Dabei tritt ein sehr positiver zusätzlicher Effekt ein: Sobald ein bestimmtes Muster im Unbewußten verankert ist, wirkt es motivierend; es regt «von innen her» ein mustergerechtes Verhalten an. Äußere Übungen und Tätigkeiten, die den inneren Mustern entsprechen, fallen leichter – kosten keine Überwindung mehr – werden williger und zielstrebiger ausgeführt: Trägheit und Ablenkbarkeit vermindern sich, Aktivität und Konzentration erhöhen sich! Hier sind wir schon mitten im geistig-seelischen Bereich, der mit den äußeren Vorgängen verknüpft ist.

Betrachten wir einige Beispiele für die zielgerichteten Wirkungen des Alpha-Trainings auf unterschiedliche Körperfunktionen. Aus Hunderten interessanter Möglichkeiten greife ich einige heraus, die typisch für bestimmte Einzelbereiche sind:

Manager und Verkäufer werden darin geschult, sich bestimmte psychologisch positive Verhaltensweisen einzuüben. Durch die Alpha-Methode lassen sich die Muster ohne «Drill» verankern; sie werden ins persönliche Verhaltensbild integriert und laufen völlig unbewußt ab. Das erstrebte Verhalten erfordert keine Aufmerksamkeit und wirkt nicht «aufgesetzt» oder schematisiert, sondern wird zum Bestandteil des natürlichen Persönlichkeitsausdrucks.

Sportler können die im Körpertraining geübten Fertigkeiten fest im Unterbewußtsein verankern und sich in jeder Lage auf sichere, präzise Reaktionen verlassen! Eine amerikanische Baseball-Mannschaft erhöhte auf diese Weise ihre Treffsicherheit in wenigen Wochen so erheblich, daß sie in die nächste Klasse aufstieg. Der europäische Sport hat die Möglichkeiten noch nicht «offiziell» entdeckt – aber einzelne machen schon erstaunlich wirksamen Gebrauch davon.

Ein kleiner Junge, der leichtsinnig und etwas zu wild mit seinem Rad fuhr und oft stürzte, bewegte sich schon einige Stunden nach einer Alpha-Übung mit schlafwandlerischer Sicherheit auf dem Rad. (Es wurde eine vereinfachte Übungskurzform für Kinder angewandt, in diesem Falle speziell auf das sichere Fahren abgestimmt.)

Probleme mit der Technik machten einer Fahrschülerin zu schaffen. Trotz vieler Fahrstunden konnte sie nicht richtig anfahren, kuppeln und schalten. Nach unserem Alpha-Kurs setzte sie durch einige Übungen selbständig das nötige Ablaufprogramm ins Unterbewußtsein. In der nächsten Fahrstunde machte sie so rapide Fortschritte, daß der Fahrlehrer verblüfft war. Von diesem Zeitpunkt an ging die Ausbildung mit Riesenschritten zu Ende.

Beim Golfspiel kommt es auf besondere präzise, instinktiv richtig dosierte Bewegungs- und Muskelkraft-Koordination an. Durch das Trainieren des Unterbewußtseins arbeitete sich ein Berufs-Golfspieler in die Spitzenklasse hoch. Er sagte: «Der Ball geht jetzt wie von selbst ins Loch».

Öffentliche Auftritte sind nicht jedermanns Sache. Einem avancierten Manager, der in seiner neuen Position jeden Montag einen Finanzbericht vor dem Kollegenkreis geben mußte, zitterten während eines solchen Auftritts Hände und Knie, und die Stimme wollte versagen. Das ging monatelang so. Als er unsere Alpha-Methoden kennengelernt hatte, war das Problem innerhalb vierzehn Tagen verschwunden. Ein typischer Fall, der das enge Ineinandergreifen seelischer und körperlicher Prozesse ebenso klar erkennen läßt wie die Korrekturmöglichkeiten.

Ein Schweizer Hobby-Bergsteiger reiste seit langer Zeit jährlich in den Himalaya, um dort die Sechstausender und höhere Berge zu bezwingen. Normalerweise trainierte er monatelang vorher in den Schweizer Bergen. Im letzten Jahr hinderten ihn geschäftliche Verpflichtungen am regelmäßigen Körpertraining. Aber er hatte gerade an unserem Alpha-Kurs teilgenommen und setzte die Methode ein, um seine Körperfunktionen auf die Himalaya-Anforderungen vorzubereiten. (Er verwandte darauf nur alle paar Tage eine Viertelstunde.) – Obwohl körperlich untrainiert, schaffte er den Aufstieg leichter als je zuvor! Die Körperfunktionen stellten sich, als die geistig durchgearbeiteten Situationen eintraten, sofort fühlbar auf die Anforderungen ein! Aus einer Gruppe von zwanzig Mann erreichten nur er und zwei andere (hart trainierte) Leute das Ziel – die übrigen hatten wegen extrem schlechten Wetters kurz vor dem Ziel aufgegeben, die nepalesischen Träger waren schon vorher wegen der hohen Strapazen umgekehrt. – Hier zeigt sich, wie weit die Wirkungen des Alpha-Trainings bis in die organischen Leistungen hineinreichen.

Diese Schilderungen genügen, um die prinzipiellen Möglichkeiten beim Steuern von Verhaltensweisen, gezielten Bewegungsabläufen und anderen Körperfunktionen zu zeigen.

Bitte lesen Sie jetzt nicht einfach weiter, sondern machen Sie sich erst einmal ganz klar, daß es enge Beziehungen zwischen geistig-seelischen und körperlichen Vorgängen gibt – und daß Körperliches vom Geist her beeinflußbar ist. Nehmen Sie die letzten Seiten noch einmal kurz durch. Dadurch wird manches noch verständlicher. Und sicher fallen Ihnen dabei eigene Erfahrungen ein. Wiederholen Sie nun die letzten Seiten und denken Sie darüber nach. (Diese Anregung hat wesentliche Bedeutung für den Erfolg; bitte nehmen Sie sie ernst.)

...

Sie haben sich jetzt verdeutlicht, daß Sie erhebliche Einflußmöglichkeiten auf körperliches Geschehen haben. Überlegen Sie sich jetzt, wofür Sie das Training einsetzen könnten – privat, beruflich, sportlich oder auf anderen Gebieten. Je plastischer Sie sich das vor Augen führen, desto besser. Schreiben Sie auch ein paar Stichworte auf. Nehmen Sie sich Zeit dafür. Brechen Sie dann dieses Thema für einige Stunden ab und wenden Sie sich anderen Dingen zu. Die aufgebauten Ideen sollen eine Zeitlang unbewußt weiterwirken. Beginnen Sie jetzt mit Ihren Überlegungen und mit dem Notieren der Stichworte. (Auch dieser Vorgang ist wichtig für die praktischen Ergebnisse – ebenso wie alle weiteren Anregungen zu eigenen Aktivitäten.)

...

Nach dieser Pause beschäftigen wir uns mit dem Einfluß geistig-seelischer Vorgänge auf das Organische und auf die Gesundheit. Die Erlebnisse des Bergsteigers und des Managers vermitteln schon einen Eindruck davon, daß nicht nur Koordinationen und Verhaltens-Automatismen, sondern auch organische Funktionen im Wirkungsbereich des Trainings liegen. Einige weitere Beispiele machen das noch klarer:

Wenn Sie vor Scham rot oder vor Schreck blaß werden, haben Sie einen Beweis dafür, daß Nerven, Kreislauf und Blutgefäße unmittelbar auf seelische Bewegungen reagieren. Auch Herzklopfen, Magen- und Darmerscheinungen können von rein seelischen Erlebnissen hervorgerufen werden. Bei solchen Erscheinungen handelt es sich zwar noch um vorübergehende Funktionsänderungen, die man sich recht gut als Folge psychischer Bewegungen vorstellen kann. Doch die Einflüsse geistiger und seelischer Prozesse sind schon klarer erkennbar; sie reichen bis in dauerhafte organische Zustände hinein.

Wenn körperliche Steuerfunktionen überhaupt geistig-seelisch beeinflußt werden können, dann trifft das auch auf die Steuerungen zu, die das Geschehen in tiefgreifenden organischen Prozessen beherrschen. Viele Menschen glauben, «echte» materielle Dinge (z.B. Körperorgane) seien nicht durch psychische Einwirkungen zu verändern – doch dieser Auffassung liegt ein Fehler zugrunde! Die «Materie» eines Organs ist eine Gruppierung lebender Zellen, die sich ständig ändert und erneuert. Und alle diese Lebensvorgänge finden im Rahmen vielschichtiger Funktionen statt, in denen auch psychische Komponenten mitwirken. Gedanken, Vorstellungen und andere geistig-seelische Kräfte beeinflussen die Abläufe: sie können sowohl gesund als auch krank machen.

Es ist bekannt, daß positive Erwartung nicht nur vorübergehend Organfunktionen belebt (Beschwerden bessert), sondern – wenn die positive Haltung dauerhaft wird – zu grundlegenden Umstellungen und Heilungen führen kann. Ebenso bekannt ist, daß bei anhaltendem Kummer Organschäden entstehen. (Umgekehrt können körperliche Vorgänge das Gemüt beeinflussen, denn es besteht eine Wechselbeziehung.)

In Kreisen der psychosomatischen Medizin werden die weitaus meisten Erkrankungen – auch die organischen! – auf seelische Ursachen zurückgeführt. Ein weithin bekanntes Beispiel sind Magengeschwüre, die aufgrund anhaltenden Ärgers oder Kummers entstehen – und rasch wieder verschwinden, sobald sich die seelische Situation ändert.

Zu den Krankheiten, die in Berichten über erfolgreiche psychosomatische Behandlungen genannt werden, gehören ganz massiv-körperliche Geschehnisse – zum

Beispiel Muskel- und Knochenschäden (Verspannungsfolgen), Haut- und Drüsenerkrankungen, Tuberkulose, Asthma, Erkältungsneigung, Krebsanfälligkeit, Herz- und Kreislaufkrankheiten...

Die Reihe ließe sich fortsetzen. Doch die Andeutungen zeigen schon deutlich genug, welchen Einfluß geistig-seelische Komponenten auf das Geschehen im Körper haben. Als Folge psychischer Zustände können tiefgreifende materielle Veränderungen auftreten. Im positiven wie in negativen Sinne!

Alle diese Wechselbeziehungen zwischen körperlichem geistig-seelischen Geschehen verlaufen im unbewußten Bereich. Durch gezielte Einflüsse auf diesen Bereich, wie sie im Alpha-Training ausgeübt werden können, sind schon erstaunliche Heilungen erreicht worden, auch in ernsten Fällen.

Selbstverständlich bedeutet das nicht, daß Sie Krankheiten selbst behandeln sollen, ohne zum Arzt zu gehen. Das wäre gefährlicher Dogmatismus. Die «Alpha-Selbstbehandlung» ist zwar im Prinzip möglich und gelingt vielen – auch ohne medizinische Hilfe –, aber sie gelingt nicht jedem und nicht immer. Es gibt viele unterschiedliche Aspekte, die hier mitspielen und nicht in Kurzform darstellbar sind. (Später erhalten Sie noch Anhaltspunkte darüber.) Die Vernunft gebietet deshalb, in Krankheitsfällen den Arzt aufzusuchen und zusätzlich die Alpha-Übungen einzusetzen. Durch die Übungen schaffen Sie ein geistiges Gesundheitsbild, das die unbewußten Steuerprogramme neu gestaltet. (Negative Effekte treten keinesfalls ein, wenn Sie die Alpha-Methode richtig anwenden.)

Bitte lesen Sie die letzten Abschnitte noch einmal schrittweise durch – mit vielen Denkpausen, in denen

Sie sich einen Eindruck darüber verschaffen, welche erstaunlichen Wirkungen geistig-seelische Vorgänge auf den Körper haben. Es ist wichtig, diese Dinge klar zu erfassen – denn das gibt Ihnen begründetes Vertrauen zu den Möglichkeiten, die sich durch die Originalmethode des Alpha-Trainings erschließen. Nehmen Sie also das letzte Thema nochmals konzentriert durch.

...

Sie haben jetzt eine Vorstellung von den prinzipiellen Wirkungsmöglichkeiten im körperlichen Bereich. Überlegen Sie nun, für welche Gesundheitsziele Sie das Training anwenden möchten. Am besten schreiben Sie Stichworte auf. Brechen Sie das Thema dann für einige Stunden ab und wenden Sie sich anderen Dingen zu, damit Ihre Ideen unbewußt weiterwirken können. Beginnen Sie jetzt mit Ihren Überlegungen und Notizen.

...

Haben sie bis hierher alles gelesen und erfaßt? Nur dann sollten Sie weitergehen!

Der geistig-seelische Bereich

ist, wie Sie schon gesehen haben, nicht von anderen Bereichen zu trennen, denn es gibt viele Überschneidungen. Dennoch können wir einige typische Vorgänge herausgreifen, die sich für grundlegende Betrachtungen eignen. Zunächst ist eine Begriffserklärung fällig, um «Geistiges», «Seelisches» und «Psychisches» abzugrenzen.

In früheren Zeiten sprach man von Geist, Seele und Körper. Im Zuge der modernen Entwicklung ist es üblich geworden, von nur zwei «Bestandteilen» des Menschen zu sprechen: Psyche und Physis. Im Begriff «Psyche» sind Geist und Seele vereint. Der Begriff «Physis» bedeutet Körper. In manchem Zusammenhang wird auch das griechische Wort «Soma» für Körper benutzt: «Psychosomatisch» heißt also «seelisch-körperlich» (und wenn man es genau nimmt «seelisch/geistig-körperlich»).

Die Gliederung in zwei Bereiche beruht darauf, daß man einfach unterscheidet zwischen dem, was mit körperlichen Sinnen wahrnehmbar ist (Physis) – und dem, was mit körperlichen Sinnen nicht wahrnehmbar ist (Psyche: Geist und Seele in einem). Man könnte auch sagen: In dieser Zweigliederung drückt sich der Unterschied zwischen Meßbarem und Nichtmeßbarem aus.

Die moderne Psychologie verwendet zwar das Wort «messen» auch im Zusammenhang mit dem Psychischen – aber man mißt keineswegs die Psyche, sondern nur die körperlichen Verhaltensäußerungen, die man dann erfaßt, um Schlüsse auf psychische Gesetzmäßigkeiten zu ziehen. Wer in der Vorstellung befangen ist, nur das Meßbare sei «Wirklichkeit» (und wer psychisches Geschehen nur unter dem Aspekt der Meßbarkeit betrachtet), findet die Zweigliederung in Physis und Psyche gerechtfertigt, in der kein Unterschied zwischen Geistigem und Seelischem gemacht wird. Denn beides wird ja nicht als Wesenhaft, sondern als Funktion innerhalb des Nichtmeßbaren gesehen.

Wer sich tiefer mit der «Psyche» beschäftigt (nicht nur mit ihren äußeren Wirkungen), erkennt die frühere Gliederung in Geist und Seele als richtig. Denn bei näherer Betrachtung der Äußerungsqualitäten stellen sich grundlegende Eigenheiten heraus, die auf zwei verschiedenartige «psychische» Komponenten schließen lassen.

Um das Charakteristische des Geistigen und des Seelischen zu erfassen, müssen wir einen gedanklichen Ausflug machen – in Bereiche, in denen das psychische Geschehen unterschiedliche Wesensmerkmale zeigt. Dabei werden die Begriffe «objektiv» und «subjektiv» eine wichtige Rolle spielen. Der Ausflug in diese Bereiche hilft beim Verstehen von Zusammenhängen, die für die Praxis des Alpha-Trainings wichtig sind.

Im landläufigen Sprachgebrauch gilt als objektiv, was in der äußeren Welt der wahrnehmbaren und meßbaren Objekte existiert oder geschieht – und für alle in gleicher Weise feststellbar ist. Typisch dafür sind Gegenstände, Maße und Zahlen. Das Objektive wird als Realität, Tatsache, beweisbar und deshalb «wahr» angesehen. – Als subjektiv gilt, was sich nur im «Subjekt» (der erlebenden Person) abspielt; typisch dafür sind Gefühle, Stimmungen, Vorstellungen, Meinungen, zum Teil auch Gedanken. Das Subjektive wird als eingeschränkt, einseitig, meist fehlerhaft und weniger «wirklich» eingestuft, weil es nicht von jedem in gleicher Weise feststellbar ist.

Das Denken ist zweifellos ein Grenzfall. Es kann sowohl subjektive Meinungen bilden als auch objektive Feststellungen treffen – und es gibt uns überhaupt erst die Möglichkeit, Objektives und Subjektives zu definieren und zu unterscheiden. Einige «Denker» rechnen das Denken zwar grundsätzlich unter die fehlerträchtigen subjektiven Tätigkeiten – doch damit disqualifizieren sie sich selbst. Denn sie kommen ja durch Denken zu ihrem Urteil.

Selbst der Computereinsatz ändert nichts daran, da wir alle Erkenntnis durch Denken gewinnen. Auch Computer wurden durch Denken erfunden und werden mit Denkresultaten gespeist – und ihre Ergebnisse werden nach einem Muster erarbeitet, das durch Denken geschaffen wurde.

Benutzen wir also das Denken! Es bleibt unser einziges Mittel, um den Dingen auf den Grund zu gehen.

Sehen wir uns das psychische (geistig-seelische) Geschehen im Hinblick auf die objektiven und subjektiven Inhalte näher an, so kommen wir zu interessanten Zusammenhängen und Aspekten:

Betrachten wir als erstes Untersuchungsobjekt die «objektiven» Zahlen. Rein mathematisch sind sie für jeden gleich; sie werden sogar international verstanden – unabhängig von der Sprache. Dennoch kann jeder einzelne (jedes Subjekt) die Zahlen individuell erleben, anders als andere. Denken Sie bei geschlossenen Augen an die Zahlen 1 bis 10 und stellen sie sich diese Zahlen vor. Wie groß erscheinen sie Ihnen – in welcher Form und Farbe – in welcher Richtung denken Sie sich die Reihe (waagrecht, senkrecht, schräg) – denken Sie die Zahlen einzeln oder auf einmal als Reihe? Was schließt sich daran an?

Fragen Sie andere nach ihren Vorstellungen, und Sie werden Unterschiede feststellen. Nehmen Sie jetzt den abstrakten Wert «Zwei». Wenn sie ihn auf nichts beziehen, bleibt er abstrakt. Aber welche Bedeutung hat die Zahl für Sie? Ist «zwei» viel oder wenig? Drückt die Zahl für Sie eine graphische Gestalt, einen Geldwert, ein Größenmaß aus? Welche Begriffe hängen für Sie mit der Zwei zusammen? Kinder – Eheleute – Autos – Parteien – Weltanschauungen...? Jedem drängt sich hier etwas anderes auf.

Alles Objektive wird vom Individuum in irgendeiner Weise subjektiv erlebt, weil es in Zusammenhänge (Assoziationen) eingegliedert ist, die den persönlichen Erfahrungen, Einstellungen und Maßstäben entsprechen. Dennoch bleibt (ungeachtet aller subjektiven Komponenten) der Begriff der Zahl im reinen Sinne bestehen: Die «Zahl an sich» ist für jeden gleich.

Besonders deutlich machen sich die subjektiven Komponenten bemerkbar, wenn das Empfinden unmittelbar berührt wird. Nehmen wir Farben oder Töne, die zwar physikalisch klar bestimmbar sind (objektive Frequenzmessungen), aber von jedem Individuum anders erlebt werden. Einzelne Farben und Töne wirken angenehmer als andere – und je nachdem, worauf man Farben oder Töne bezieht, ändern sich diese Empfindungen. Blau kann als Himmelsfarbe sympathisch, als Wandfarbe unsympathisch empfunden werden.

Doch alle subjektiven Bewertungen ändern nichts an der grundlegenden Übereinstimmung über die «Farben an sich». Ein blauer Himmel wird von jedem als blau angesehen – ein hoher Ton ist für jeden hoch. (Die gesamte Verständigungsmöglichkeit zwischen Individuen beruht auf solchen grundlegenden Begriffsübereinstimmungen.) Selbst Farbenblindheit oder Schwerhörigkeit widersprechen dem nicht – denn der Farbenblinde oder Schwerhörige nimmt nicht etwas anderes oder Falsches wahr, sondern ihm fehlt einfach ein Teil des Wahrnehmungsvermögens. Aber das, was er wahrnimmt, ist auch existent – also insofern «richtig» und «wahr».

Noch auffälliger werden die subjektiven Komponenten bei bewegten Szenen, vor allem wenn die Sympathie für die beteiligten «Objekte» unterschiedlich ist. Sehen Leute einen Streit, so erlebt und schildert jeder das Ereignis anders – je nachdem, welche eigene Meinung er hat und in welcher Beziehung er zu den streitenden Personen steht. So wird selbst die «objektive» Sinneswahrnehmung (Sehen, Hören) subjektiviert. Statt die ganze komplizierte Realität zu erfassen, nimmt man Teile des Geschehens stärker, andere Teile schwächer wahr. Je nach persönlicher geistig-seelischer «Beschaffenheit» (Assoziationen, Einstellungen, Motivationen usw.) macht man sich ein Bild von der Sache. Hier sind natürlich nicht die absichtlichen «Korrekturen der Wahrheit» gemeint, sondern es geht um die unbewußt auftretende subjektive «Wahrnehmungsauswahl». Was ins eigene Weltbild paßt und den eigenen Sympathien entspricht, wird automatisch leichter und williger akzeptiert – und was nicht «paßt», wird unbewußt abgewehrt oder anders verwertet.

Zweifellos ist das Wahrgenommene eine Wirklichkeit (objektiv, soweit Sinnesvorgänge das sein können). Aber es ist nur ein Teil des Ganzen: eine subjektive Auswahl, die von der Person getroffen wird. Vielleicht werden die Dinge in der Erinnerung sogar anders gruppiert. Die Bewertungen fallen entsprechend aus – sind also subjektiv «gefärbt».

Unabhängig von allen Bewertungen und subjektiven Auszügen aus der Wirklichkeit bleibt bestehen, daß das Wahrgenommene existiert. Wenn A sieht, daß Herr X der Frau Y eine Tasche aus der Hand nimmt, dann ist das eine Tatsache, selbst wenn A die Abläufe und Beweggründe falsch beurteilt und sich eine Phantasiegeschichte zurechtlegt. Was A wirklich wahrgenommen hat, ist zweifellos geschehen – also «objektiv». Subjektiv kann nur die Auslegung sein, die durch Informationslücken und persönliche Einstellungen geprägt wird.

Hier ergibt sich eine interessante Feststellung, die nicht nur theoretisch aufschlußreich ist, sondern für die spätere Alpha-Praxis Bedeutung hat:

Die subjektive Färbung einer objektiven Wirklichkeit ist ein tatsächlicher Vorgang – er ist sogar meßbar, wenn man die Ereignisse zerlegt und kritisch untersucht. Und die entstehende Stellungnahme oder Auswertung ist eine Tatsache. Ein Außenstehender könnte das alles «objektiv» feststellen.

Muß nicht die psychische «Kraft», die das eigenmächtige Korrigieren der ojektiven Wirklichkeit vornimmt, selbst eine schaffende Wirklichkeit sein? Materialistische Deutungen zeigen hier ihre Schwäche: Wäre das Psychische nur ein Produkt materieller Prozesse, so könnten diese Prozesse nur nach ihren objektiven Gesetzen ablaufen. Eigenmächtige Korrekturen durch subjektive Einstellungen wären ausgeschlossen, weil sich diese Einstellungen nur aus den Gesetzen der objektiven Vorgänge bilden könnten. (Der Hinweis auf umformende physische Strukturen ist irrelevant, weil er den zielstrebigen, qualitativ orientierten Korrekturen nicht gerecht wird. Die kommenden Betrachtungen über die Qualität der Begriffe zeigen das ausführlicher.)

Alles Geschehen ist «wirklich» - auch wenn es «nur» im Subjekt stattfindet. Für den, der es von außen beobachten könnte, wäre ja das Subjekt ein Objekt - das subjektive Geschehen also klar feststellbar und damit objektiv.

Die Frage nach Subjektivem und Objektivem bringt uns also nicht weiter, wenn es um das Erfassen der Wirklichkeit geht - denn die Bereiche sind nicht trennbar. Eine kurze Zusammenfassung zeigt, worauf es im Prinzip ankommt:

Alles, was ist, geschieht oder erlebt wird, ist «wirklich»! Unsicher ist nur: Wird alles festgestellt und erlebt, was tatsächlich existiert und geschieht? Diese Frage betrifft das Objektive ebenso wie das Subjektive, denn beides gehört zur Wirklichkeit.

Wie Sie sehen, finden sich Objektives und Subjektives in bunter Mischung und gegenseitiger Durchdringung. Ein befriedigendes Resultat kann nur in einer echten Synthese liegen. Wir finden sie, wenn wir das Wesenhafte der Begriffswelt untersuchen, das uns gleichzeitig zur Klarheit über Geistiges und Seelisches führt. Ein einfacher geometrischer Begriff gibt uns den Ansatzpunkt:

Denken Sie an ein Dreieck! Sie mögen es sich schwarz oder grün, groß oder klein, spitz oder stumpf, als gedankliche Konstruktion oder aus Holz oder Stahl vorstellen: stets hat es drei Ecken und gerade Verbindungen dazwischen. Ein anderer mag sich andere Farben, Winkel und Ausführungsarten vorstellen: auch sein Dreieck hat drei Ecken und gerade Linien dazwischen. Der Begriff «Dreieck» ist in allen Fällen gleich, trotz subjektiv unterschiedlicher Ausführungen. Der Begriff hat eine bestimmte Eigenart – eine «Qualität» im philosophischen Sinne. Sofern es sich um allgemein bekannte Begriffe handelt, ist das Wesenhafte (die Qualität) für jeden gleich und unabhängig von allen persönlichen Ausformungen.

Ein Tisch ist überall ein Tisch – in jeder Ausführungsform und jeder Sprache – wenn nur das Wesenhafte vorhanden ist: die waagrechte Fläche, die während des sinngemäßen Gebrauchs höher als der Fußboden liegt. Auch ein zusammengeklappter Tisch, dessen Platte momentan hochkant steht, fällt unter den Begriff – denn beim sinngemäßen Gebrauch (als Tisch!) liegt die Platte waagrecht.

Gehen wir mehr in die Einzelausführung, sind die Gegebenheiten nicht anders: Ein Klapptisch ist stets ein Klapptisch – gleichgültig in welcher Weise er geklappt wird! So können wir von den Oberbegriffen bis zu den Unterbegriffen gehen – bis in die Details. Der «wahre» Begriff ist stets unabhängig von der subjektiven Vorstellung und Ausführung – aber beides ist existent: der Begriff und die persönliche Vorstellung davon.

Was ist nun objektiv – was subjektiv?

Wenn «objektiv» im Sinne von «wirklich» und «unverfälscht» gebraucht wird – entsprechend der allgemeingültigen Bedeutung, die wir Zahlen und Maßstäben zugestehen –, dann ist ein Begriff z.B. Dreieck) objektiv. Er ist zweifellos vorhanden (sogar übertragbar), und er ist nicht verfälschbar, weil er unabhängig ist von der subjektiven Ausgestaltung. Er ist also immer «richtig». Ein Dreieck ist ein Dreieck, wie eine Zahl eine Zahl ist.

Begriffe gehören also in den Bereich der Wirklichkeit, obwohl sie ihrem Wesen nach nicht meßbar oder die Zahlen faßbar sind. Die Ausformung dagegen ist subjektiv (das Dreieck kann nach persönlichem Geschmack dargestellt werden) – und die subjektive Form ist meßbar, wenn sie materiell dargestellt wird: in Maß und Zahl faßbar. Also objektiv! Aber es ist nicht das «Dreieck» im allgemeingültigen, objektiven Sinne, sondern ein spezielles, subjektives Dreieck! Es drückt nicht den ganzen Begriff, sondern nur eine Gestaltungsform aus. Diese besondere Gestaltungsform ist also zugleich objektiv (meßbar und für alle gleich) und subjektiv (nämlich die persönliche Ausgestaltungsform des Begriffs).

So kompliziert ist es mit der Wirklichkeit, wenn man nach «objektiv» und «subjektiv» fragt. Bei gründlicher Betrachtung, die sich auf jedes Sachgebiet ausdehnen läßt, gibt es keine wirkliche Trennung, sondern nur unterschiedliche Betrachtungsweisen. Die Wirklichkeit ist sowohl objektiv als auch subjektiv – oder: das Subjektive ist ebenso wirklich wie das Objektive!

Im geistig-seelischen (psychischen) Bereich verbinden sich also objektives und subjektives Geschehen: allgemeingültige Begriffe und persönliche Gestaltungen.

Nach traditionellem und geisteswissenschaftlichem Vorbild wird der allgemeingültige (übergeordnete) Bereich der Begriffe als «geistig», der Bereich des persönlichen Erlebens als «seelisch» bezeichnet. (Es handelt sich hier um eine Kurzdefinition, die sich vielschichtig ergänzen ließe.) Zwischen diesen Bereichen besteht kein Wertunterschied, sondern es geht um eine Abgrenzung der menschlichen Wesensglieder: Geist als Träger der allgemeingültigen Begriffswelt im Individuum - Seele als Träger des persönlichen Erlebens in der materiellen und nichtmateriellen Umwelt. Das Ich lebt in beiden Wesensgliedern; es ist Träger des selbständigen Denkens. Es verwirklicht alle objektiven Begriffe und Gesetze innerhalb des «subjektiven» Bereiches - im Interesse der Persönlichkeitsentwicklung, die übergeordneten Zielen gehorcht.

Man mag zu dieser Auffassung stehen wie man will. Wenn Sie sich mit dem Sammelbegriff Psyche für Geist und Seele begnügen möchten, können Sie die letzten Abschnitte vergessen. Wenn Sie Interesse an der Auseinandersetzung mit Grundfragen des menschlichen Wesens haben, werden Sie noch viele weitere Anhaltspunkte finden.

Der Vollkommenheitgrad, in dem sich die übergeordnete Begriffswelt mit dem individuellen Denken deckt, ist von Mensch zu Mensch und von Sachgebiet zu Sachgebiet verschieden. Im jetzigen Stand der Gesamtentwicklung sind noch große Lücken zu schließen.

Vorsatz vor Übungsteil

Die folgenden Übungen sind so aufgebaut, daß sie aufgrund der schriftlichen Anleitung durchgeführt werden können. (Voraussetzung ist das konsequente Durcharbeiten der Informationen in den vorangegangenen Kapiteln.)

Bitte halten Sie sich im Rahmen der dargestellten Übungsvorgänge – und fügen Sie keine anderen Komponenten hinzu. Wer Yoga, Autogenes Training oder andere meditativen Methoden kennt, sollte *keinesfalls* Elemente dieser Methoden einfließen lassen, sondern sich während unserer Alpha-Übungen exakt an den hier geschilderten Übungsablauf halten. Dieser Ablauf hat seine eigenen Gesetze und ist in sich abgeschlossen. Er bietet jeden Spielraum für «automatisch» einfließende subjektive Aktionen und Reaktionen (sie entsprechen stets dem Individuum und integrieren sich problemlos in das System) – aber der Ablauf verträgt keine Eigengesetzlichkeiten, die aus andersartig aufgebauten Systemen kommen. Seien Sie also nicht bedenklich, wenn Ihnen eigene Ideen kommen – aber vermeiden Sie es, Bestandteile anderer Übungssysteme einzugliedern.

Jeder spezielle Meditationsinhalt – und jede Atemtechnik – hat spezielle Wirkungen, die im Rahmen des jeweiligen Systems wertvoll sind. Würden irgendwelche Fremd-Techniken mit alpha kombiniert, wäre ein Gegeneinanderwirken der Methoden denkbar, das zu Spannungen führen und den Erfolg der Übungen vereiteln kann. Deshalb: Folgen Sie unserem Alpha-Programm korrekt.

Natürlich läßt sich schriftlich nicht alles darstellen, was unter persönlicher Übungsanleitung möglich wäre, und der einzelne kann bei individuellen Übungen nur das schaffen, was ohne Beteiligung der Gruppen-Kommunikation erreichbar ist. Die Übungsabläufe müssen deshalb – um Schwierigkeiten auszuschließen – auf das beschränkt bleiben, was aus einem Buch lernbar ist. Jede darüber hinausgehende Anregung wäre verantwortungslos, weil sie subjektiven Schaden stiften könnte.

Für den, der die vollen Möglichkeiten unserer Alpha-Methode ausschöpfen möchte, gibt es nur den Weg des Kursus-Besuchs, der über die hier beschriebenen Dinge hinaus geht und eine sichere Basis für weiterführende eigene Übungen schafft. (Wenn eine solide Basis in unserem Alpha-Kurs gelegt worden ist, kann jeder einzelne frei weitergehen – denn die grundlegenden Wirkungs- und Stabilisierungsfaktoren werden im Laufe der gesteuerten kommunikativen Vorgänge so fest verankert, daß sie eine feste Basis für den einzelnen schaffen. Unabhängig von diesen Aspekten können die folgenden Übungen auch aufgrund der schriftlichen Anleitung erfolgreich und risikolos durchgeführt werden.)

Übungsteil von Margarete Friebe

Bevor ich nun etwas über die tiefgreifenden Wirkungen unserer Übungen aussage, muß ich zuvor die vielfältigen Möglichkeiten klären, die noch ungenutzt, latent in jedem Individuum liegen. Jeder Mensch erlebt den Teil, den Ausschnitt der gesamten Realität, auf den er sich konzentriert. Und diesen Teil zieht er dann in seinen geistigen, seelischen oder materiellen Erlebnisbereich hinein.

Das Individiuum erlebt jeweils das, worauf es sich konzentriert. Sie schaffen sich also Ihre subjektive Realität durch Konzentration auf einen bestimmten Ausschnitt der Gesamtrealität. Bisher haben wir nur maximal zwanzig Prozent aller unserer Fähigkeiten entwikkelt. Mehr als achtzig Prozent aller Möglichkeiten liegen im Unbewußten. Mit unseren Übungen schaffen wir einen direkten Zugang zu diesem unbewußten Bereich, um die potentiellen Möglichkeiten realisierbar zu machen. Mit der Beschäftigung des Unbewußten beginnen wir das bisher nicht Erkannte, nicht Faßbare ins Bewußte zu transformieren. Dieser Vorgang stellt eine Bewußtseinserweiterung dar. Der Grad des Bewußtseins entscheidet über die Wahrnehmungsfähigkeit. Je weiter das Bewußtsein, desto mehr kann von der Realität wahrgenommen werden. Der heutige Entwicklungsstand der Menschen, die nur maximal zwanzig Prozent aller ihrer Fähigkeiten entwickelt haben, läßt erkennen, daß wir nur den geringsten Teil der Realität wahrnehmen und bewußt erleben. Es ist der Ausschnitt, den wir mit unseren fünf Sinnen erfassen können. Darüber hinaus existiert aber eine Art geistiger Kosmos mit Energiefeldern, wo Gedanken und Ideen ihr zu Hause haben. In diesen Bereichen gelten harmonische Gesetzmäßigkeiten. Die Kenntnis und Anwendung dieser geistigen Gesetze, wie ich sie in meinem zweiten Seminar und Buch «Das Omega-Training – Bewußtseinsdimensionen» (Drei Eichen Verlag Engelberg) darlege, befähigt zur Erweiterung des Bewußtseins und zum Erleben bisher unbekannter geistiger Dimensionen.

Realität der Gedanken und Ideen

Was sind nun Gedanken, Ideen? Was ist Materie? Jede Materie ist das Produkt eines geistigen Vorgangs. Es ist das Resultat des denkenden Ichs, das Vorstellungen und Ideen produziert. Nie ist zuerst die Materie da und dann die Idee, sondern es ist stets umgekehrt. Alles, was ist, resultiert aus Ideen. Nicht der Tisch war zuerst da, sondern im Anfang stand die Idee «Tisch». So stellt die Ebene der Ideen und Gedanken die primäre Realität dar, aus der heraus die sichtbare, materielle Welt entstanden ist und entsteht. Sie ist die sekundäre Realität, auf die sich viele einzig und allein konzentrieren, nämlich auf den «Ausfluß» der Ideen. Ohne Ideen wäre nichts. So ist der Mensch stets schöpferisch tätig. Der Mensch ist ein Schöpfer. Das verbindet ihn zu seinem Schöpfer, zu Gott. Im Anfang war das Wort. Die Idee. Die ganze Natur zeigt uns die Ideen des Schöpfers.

Die geistige Realität in allem – «DER ALLES»

So müßte jede ernste Wissenschaft letztlich zu Gott zurückführen, wie Goethe sagt. «Hermes Trismegistos», ein Altägypter, der die erste Mysterienstätte gegründet hat, definiert Gott mit dem Begriff «DER ALLES». Er erklärt, daß hinter allen äußeren Erscheinungen immer eine «substantielle Realität» (eine wesenhafte Wirklichkeit) sein muß. Der Mensch – das Universum in Betracht ziehend, von dem er ein Teil ist, zu dem er gehört – sieht einen ständigen Wandel in den Bereichen der Materie, der Kräfte, Energien, ebenfalls in allen geistigen und seelischen Zuständen. Der Mensch erkennt, daß nichts wirklich «IST», sondern daß alles im Werden und Wandel ist. Nichts steht still. Alles ist geboren, wächst, stirbt. Genau im Moment, wo etwas seinen Höhepunkt erreicht hat, beginnt der Abstieg, der Verfall. Das geistige Gesetz des Rhythmus ist in ständiger Aktion auf allen Ebenen. Nichts ist beständig – nur der ständige Wandel. Der Mensch sieht, wie alle Dinge, alle Zustände von anderen Dingen und Zuständen entstehen, sich auflösen, sich umwandeln in wieder anderes. Eine ständige Aktion und Reaktion, Zufluß und Ausfluß, Aufbau und Abbruch, Erschaffung und Zerstörung, Geburt, Wachstum, Tod. Nichts ist bleibend, nur der Wandel.

Der denkende Mensch erkennt, daß dieser beständige Wandel äußere Erscheinungen, Manifestationen sind von einer zu Grunde liegenden Kraft, einer «Substantiellen Realität» (wesenhaften Wirklichkeit), die Hermes Trismegistos mit dem Begriff «DER ALLES» definiert. Alle Denker in allen Ländern und zu allen Zeiten haben die Notwendigkeit gelten lassen, die Existenz dieser wesenhaften Wirklichkeit als gegeben vorauszusetzen. Alle großen, wahren Philosophien basieren auf diesem Gedanken. Die Menschen haben dieser wesenhaften Wirklichkeit viele Namen gegeben; manche wählten den Begriff «GOTT», andere «die UNENDLICHE und

EWIGE ENERGIE» und viele Namen mehr. Alle bestätigen die Existenz dieser substantiellen Realität. Sie ist augenscheinlich, einleuchtend.

Der beständige Wandel in allem zeugt von einem unaufhörlichen Schöpfungsprozeß, an dem jeder durch sein Wirken einen Anteil hat und für diesen Anteil auch die Verantwortung trägt. Nur wenige Menschen sind sich dieser Verantwortung bewußt, weil sie nicht wissen, daß die Gedanken und Handlungen ihrer Qualität nach ständige Veränderungen bewirken, sowohl im individuellen als auch im Umwelt-Bereich.

Die schöpferische Ebene im Menschen ist die Ebene des Geistes, der Gedanken. Auf was konzentrieren Sie jeweils Ihre Gedanken? Denn Sie ziehen immer das in Ihren Erlebnisbereich, auf das Sie sich konzentrieren.

Denken Sie an die nicht erfaßbare Vielzahl von zum Beispiel Wissensinhalten oder Gegebenheiten, Ereignissen und Möglichkeiten der Vergangenheit, Gegenwart, und Zukunft. Diese Vorstellung von der nicht erfaßbaren Vielfältigkeit unterstützt das Bemühen, sich nicht festzulegen, sondern zu erkennen, daß jeder nur gemäß seiner momentanen inneren Einstellung den Ausschnitt aus der gesamten Realität wahrnehmen kann, der ihm, der seinem Bewußtseinsgrad, entspricht. Alles andere wird nicht von seinem Bewußtsein aufgenommen. Es ist, als wenn Sie zum Beispiel den Radiosender «Luxemburg» eingestellt haben. Auf allen anderen Sendern wird zur gleichen Zeit gesendet, doch Sie nehmen nur Radio «Luxemburg» in Ihr Bewußtsein auf. Diesen Sender haben Sie gewählt. Auf welchen Ausschnitt der Realität richten Sie Ihre Aufmerksamkeit? Diesen jeweiligen Ausschnitt machen Sie sich sodann bewußt. Entsprechende Gedanken tauchen in Ihnen auf, die beeindrukkend auf die Seele wirken und auch in Ihre Handlungen einfließen können. Diejenigen, die fasziniert sind von einem auserwählten Aspekt der Realität, richten ihre ganze Aufmerksamkeit, alle ihre Kräfte und Energien auf diesen Aspekt.

Das Bewußtsein erleidet eine Einengung zugunsten des intimen Kennenlernens dieses einen Ausschnittes. Einengung des Bewußtseins ist der Hypnose gleichzusetzen. In diesem hypnotischen Zustand wird unter Ausschluß aller anderen Gegebenheiten nur das wahrgenommen und erlebt, auf das die Konzentration gerichtet ist. Es ist leicht zu erkennen, wie viele Menschen heute unter Hypnose stehen. Es ist eine Selbsthypnose. Wer nur eine Perspektive der Realität auserwählt hat und seine ganze Konzentration darauf richtet, ist in einem hypnotischen Zustand. Er nimmt die anderen Realitätsbereiche nicht wahr. Wer zum Beispiel sich ausschließlich mit der Erforschung der Natur oder Materie auseinandersetzt, ist hypnotisiert durch seine eigene Konzentration auf diese Ausschließlichkeit. Solange er nicht anfängt, mehr für möglich zu halten, ist er ein Gefangener in den von ihm selbst gesetzten Grenzen. Seine Aussagen haben daher auch nur einen «begrenzten» Wert. Sie lassen sich keineswegs auf einen Bereich übertragen, der außerhalb seiner Grenzen liegt, der von ihm nicht wahrgenommen, daher auch nicht für möglich gehalten wird. Wie kann ein Mensch zum Beispiel etwas über geistige, über esoterische Bereiche aussagen, wenn er sich nicht ernsthaft um die Erforschung der esoterischen Gegebenheiten bemüht hat? Er kann sie weder akzeptieren noch ablehnen; er kann überhaupt keine Stellung dazu beziehen. Häufig wird dennoch dieser Versuch unternommen mit der Behauptung, daß alles naturwissenschaftlich erfaßbar und erklärbar sei.

Denken – ein geistiger Prozeß

Auch das Denken, dem ja diese Behauptung entspringt? Ist das Denken ein «Naturvorgang»? Oder ist es ein «geistiger» Prozeß? Hierzu einige Ausführungen von Günter Friebe:

> Wenn das Gehirn aus sich selbst heraus «denken» würde, gäbe es keine Denkfehler («Schaltfehler»), weil das Denken ja dem «System» entspräche und den technischen Gegebenheiten zu hundert Prozent deckungsgleich wäre. Denkfehler sind nur möglich, wenn das Gehirn «falsch programmiert» wird. Von wem...?!
>
> Falsches Programmieren setzt eine außerhalb liegende Instanz – eine wirkende Wesenheit voraus, die vom Gehirn und seinen Nervengesetzmäßigkeiten unabhängig ist. (Sonst könnte es keine Fehler, das heißt – Abweichungen produzieren.) Die Möglichkeit des Denkfehlers beweist, daß das Denken keine Funktion des Gehirns ist, sondern sich des Gehirns bedient! Wer ist «das Denken»? Kann es ohne einen Träger gedacht werden – als «Nichts aus sich selbst heraus»?!
>
> Nein, es muß ein Wesen da sein, das denkt – denn Denken ist ja ein Vorgang, keine «Sache an sich». Das denkende Wesen kann, da es von einem zentralen Punkt ausgeht, nichts anderes sein als das ICH, das sich im Denken betätigt.

Ein weiterer Beweis von Günter Friebe, daß das Denken nicht der Materie entstammen kann:

«‹Es gibt abstrakte Begriffe, die nicht nur ‹abgezogen› sind (Namen) von der konkreten Materie – sondern die in sich abstrakt sind. Zum Beispiel der Begriff ‹Unendlichkeit›. Er ist in der Materie nirgends als Inhalt vorhanden. Kann auch nicht ‹abgezogen› gedacht werden, etwa als Gegenstück oder Erweiterungsfrage (‹alle Materie ist endlich – was ist eventuell *nicht* endlich?›) – denn die Materie und ihre Inhalte (einschließlich davon abgezogene Begriffsinhalte) hätten keinen Anlaß und Antrieb, über sich selbst hinauszugehen. Ein Antrieb, über die Gegebenheiten hinauszugehen, kann nur durch ein Ich kommen, durch eine Instanz mit Willen und Zielrichtung, die zugleich mehr ist als der konkrete Begriffsinhalt. (Zumindest muß der *Antrieb* das ‹Mehr› sein!) Selbst wenn das denkende Ich aus der Materie gekommen wäre, wäre es als Tatsache unmateriell – doch es ist nicht denkbar, daß es aus der Materie kommt, unmateriell wird und darüber hinaus auf Inhalte kommt, für die es in der Materie keine Anhaltspunkte oder Anregungen gibt.

Wichtig: Im Vergleich zur Unendlichkeit ist alles Endliche *unendlich* klein – es gäbe keine Unterschiede zwischen den Dingen, keine Relationen – da man ja ‹unendlich klein› nicht in Relation zu ‹unendlich klein› setzen kann. Es gibt keine Differenzen zwischen ‹unendlich› und ‹unendlich›! Da Materie stets endlich ist – und Relationen und Größen aufweist – kann es darin nicht die Unendlichkeit geben. Die Unendlichkeit ist abstrakt – und als in sich abstrakte

Sache hat sie in der konkreten Welt (der Welt mit Relationen) nichts zu tun. Es sind zwei Welten: die konkrete und die ungegenständliche. Eine geht nicht aus der anderen hervor, beide haben keine echte Beziehung zueinander. Nur ein denkendes Ich kann Beziehungen schaffen (oder ‹ausdenken›).

Dieses Ich muß also *über* den voneinander völlig unabhängigen Welten stehen (zumindest außerhalb). Die wahre Abstraktion (Ungegenständlichkeit) gibt es nicht in der Materie!

Da das Denken jedoch überhaupt die Begriffe der Ungegenständlichkeit bilden (und das ‹Unendliche› zum eigenen Inhalt oder als Objekt nehmen) kann, kann es kein Vorgang der Materie sein.»

Denken ist ein geistiger Vorgang, der vom Ich bewirkt wird. Gedanken sind reale Kräfte. Unsichtbare geistige Energien. Ständig gehen Sie mit unbekannten Elementen um. Nehmen Sie die Elektrizität. Es sind fließende Elektronen. Die Wirkung der Elektronen ist in Formeln festgehalten anhand von Messungen. Aber was ein Elektron ist, die Beschaffenheit oder Wesenhaftigkeit, weiß man nicht. Es ist ein Kraftfeld (Modellvorstellung). Ähnlich ist es mit den Gedanken. Man kennt ihre Beschaffenheit nicht. Wohl aber ihre Wirkungen. Die Gedanken sind die stärkste Macht der Welt! Wenn die Gedanken in Harmonie mit den geistigen Gesetzen stehen, erzeugen sie auch Harmonie, Gesundheit und Erfolg. Der Gedanke wirkt wie ein Magnet. Er zieht immer Gleiches an, die gleiche Qualität. Positive Gedanken finden ihre Resonanz auf der gleichen Ebene. Durch die Resonanz erhalten Sie die Rückwirkung der Qualität, die Sie ausgesandt haben. Ebenso ist es mit negativen Gedanken: Die Rückwirkung durch die Resonanz – in diesem Fall negativer Qualität – trifft den Urheber, Sie selbst. Die Resonanz führt zu entsprechenden Erlebnissen, die man selbst auslöst und verstärkt, bis man die erwählte Gedankenrichtung in eine andere umpolt. Jeder Gedanke versucht, sich in jedem Fall in der entsprechenden Richtung zu verwirklichen.

Die äußere Welt spiegelt die materialisierten Ideen der Menschen wider. Der Bauherr hat eine genaue Vorstellung, Idee, von seinem Haus. Er zeichnet diese Idee auf Papier. Er sieht in seiner gedanklichen Vorstellung dieses Haus vollendet vor sich. Der Denkvorgang wird zur Gußform für das Gebäude, das man sich wünscht. Im Anfang ist stets der Gedanke, die Idee. Ein amerikanisches Sprichwort sagt: «Zeige mir die Gedanken eines Menschen, und ich kann dir die zukünftigen Ereignisse seines Lebens voraussagen.» Gedanken wirken also schicksalsgestaltend. Der Mensch ist der Selbstgestalter seines Schicksals.

Sobald Sie beginnen, in einer bestimmten Richtung zu denken, tritt eine Kettenreaktion ein: Denken Sie positiv, ziehen diese Gedanken positive nach sich, die stimulierend, inspirierend auf Sie einwirken. Umgekehrt ist es natürlich genau so: denken Sie negativ, strömen Ihnen negative Ideen zu, die Sie selbstverständlich beeindrukken. Die Qualität Ihrer Gedanken bestimmt immer darüber, welchen Ausschnitt der gesamten Realität Sie beleuchten. In diesem Lichtkreis leben Sie dann. Es ist Ihre Welt. Ihre subjektive Welt, die Sie sich durch Ihre innere Einstellung erwählt haben. Alle anderen Realitätsbereiche liegen im Dunkeln und werden von Ihnen nicht wahrgenommen. Das heißt natürlich nicht, daß Sie zum Beispiel die negativen Ereignisse nicht wahrnehmen sollen. Oh doch. Denn sie sind ein Teil der Realität. Genauso gehören jedoch alle positiven Bestrebungen und Situationen dazu. Es ist nur schwerer, sie wahrzunehmen, da die öffentlichen Medien vorwiegend die negativen Aspekte des Weltgeschehens berichten. Ein süddeutscher Professor machte Anfang 1978 einen Test: Er beauftragte einige Journalisten, alle positiven Ereignisse in der Welt zu registrieren. Der Test lief ein halbes Jahr lang. Von all den wahrhaft positiven Geschehnissen in der Welt ist nicht über eines berichtet worden. Fünfundachtzig Prozent aller Mitteilungen waren negativer Art in diesem Zeitraum. Das prägt natürlich die Einstellung und damit Seelenverfassung der meisten Menschen. Es ist aus diesem Grunde leichter, negativ als positiv zu denken.

Wenn jedoch alles aus der Idee heraus entsteht – überlegen Sie mal, was nicht aus der Idee geboren wurde; Sie werden nichts finden –, dann ist es natürlich von großer Bedeutung, zu dem vorhandenen Negativen denkend eine positive Balance zu setzen. Beginnen Sie damit ruhig in Ihrer Phantasie, denn alles war einmal ein Produkt der Einbildung, der geistigen Vorstellung, der Phantasie.

Der große Physiker Werner Heisenberg sagt über die Phantasie: «Es ist ja gar nicht richtig, daß es in der Wissenschaft nur auf das logische Denken und auf das Verständnis und die Anwendung der festgefügten Naturgesetze ankommt. In Wirklichkeit spielt doch die PHANTASIE im Reich der Wissenschaft und gerade auch der Naturwissenschaft *eine entscheidende Rolle.»*

Alles, was Sie wahrnehmen, ist das Ergebnis von Ideen, menschlicher oder göttlicher. Es sind materialisierte Ideen. In jeder Materie ist die Idee gefangen. Die

Idee, die der Materie die Form gab und gibt. Dies gilt ebenso für den mineralischen, pflanzlichen, tierischen und menschlichen Bereich. Alle diese Bereiche offenbaren verkörperte göttliche Ideen.

Jede Idee versucht sich immer zu verwirklichen. Entscheidend ist der Grad der gedanklichen und gefühlsmäßigen Intensität.

Entspannung:

Setzen Sie sich jetzt einmal ganz entspannt hin: Rücken gerade, Füße locker nebeneinander und die Hände in einer bequemen Lage im Schoß – nicht gekreuzt.

Schließen Sie die Augen. Fühlen Sie wie Ihre Aufmerksamkeit sich von außen nach innen wendet. Stellen Sie sich jetzt ein ganz entspannendes Bild vor, zum Beispiel die untergehende rote Sonne. Lassen Sie dieses Bild auf sich wirken. – Oder betrachten Sie eine weiße Wolke, die langsam am blauen Himmel dahinzieht.

Stellen Sie sich jetzt eine senkrechte Gerade vor und denken Sie dabei an die Worte ICH BIN. ICH BIN ICH.

Atmen Sie gelassen ein und aus. Ziehen Sie beim Einatmen dabei Ihren Atem ruhig bis in den Bauch; er hebt sich ein wenig, dann höher in Lunge- und Kopfbereich. Beim ruhigen Ausatmen lassen Sie den Atem zuerst wieder aus dem Bauch-, dann Lungenbereich und zuletzt aus der Nase. Fühlen Sie, wie Sie bei jedem Ausatmen ein wenig tiefer gehen. Der Begriff «tiefer» hat in unserer Übung die Bedeutung von «tiefer eindringen in geistige Bereiche».

Ihr Bewußtsein soll dabei immer wacher werden. Konzentrieren Sie sich nur hin und wieder auf Ihren Atem.

Entspannen Sie jetzt ganz bewußt auch Ihre Augenlider, Ihre Gesichtsmuskeln, den Nacken, die Arme, den gesamten Oberkörper. Alles fühlt sich allmählich ganz locker, ganz entspannt an. Es kann sein, daß Sie eine leichte Schwere in den Gliedern verspüren. Dies ist das Zeichen einer einsetzenden Entspannung. Die Hüften, Beine, Füße, alles ist jetzt ganz locker. Sie atmen dabei ruhig und gelassen.

Denken Sie nun an eine Pyramide, die oben geöffnet ist, und beginnen Sie von ihrer Spitze aus zu zählen in das Innere hinein von 12 bis 1. Bei jeder absteigenden Zahl fühlen Sie, wie Sie tiefer in sich hineingehen. Stellen Sie sich beim Zählen jeweils auch die Zahlen vor. Dieser Vorgang erfordert eine Konzentration, die Sie von anderen störenden Gedanken ablenkt. Es ist eine Vorbereitung für die eigentliche Übung.

Wenn Sie bei der Zahl Eins angelangt sind, stellen Sie sich die Farbe Schwarz vor. Eine schwarze Fläche, die sich allmählich so erweitert bis sie Ihr gesamtes Blickfeld einnimmt. Schwarz entspannt die Sehnerven, und über das Sehzentrum wirkt Schwarz entspannend auf das ganze Nervensystem, wie Dr. Cantor ausführt.

Nun denken Sie an eine weiße Fläche. Vielleicht an eine Kinoleinwand, die von weißem Licht angestrahlt ist. Auf der weißen Fläche erscheint oben ein roter Querstreifen. Er nimmt etwa den fünften Teil der weißen Fläche ein. Leuchtendes Rot; darunter ein gelber Streifen, strahlendes Hellgelb, dann ein grüner Streifen, frisches schönes Grün – und danach ein blauer Querstreifen, tiefes Himmelsblau. Und zum Schluß konzentrieren Sie sich auf die Farbe Violett.

Farben stellen etwas ganz Besonderes dar. Was wir als Farbe wahrnehmen, ist nur die Peripherie eines dahinterstehenden hohen geistigen Geschehens. Jede Farbe drückt eine andere geistige Qualität aus. Diese Qualität äußert sich in Schwingungen, die von der Seele registriert werden. Jeder hat aufgrund seiner individuellen geistig-seelischen Struktur eine Sympathie oder Antipathie zu einer bestimmten Farbe. So kann es sein, daß Sie sich manche Farben nur schwer vorstellen können, dafür andere besser. Die Farbvorstellungen vertiefen den Bezug zum geistig-seelischen Bereich, den wir ja erreichen wollen.

Auch bei den Tönen nehmen wir nur die Peripherie einer hohen geistigen Realität wahr. Das geistige Geschehen selbst entzieht sich dem normalen Alltagsbewußtsein.

Nur dem erweiterten Bewußtsein ist die Realität, welche hinter den Farben und Tönen wirkt, zugänglich. So sind die großen, wahren Künstler und Komponisten immer solche, die sich über sich selbst hinaus in diese geistigen Bereiche einstimmen konnten und können und ihre tiefen Eindrücke in Form von Kunstwerken der Menschheit offenbarten. Diese Kunstwerke sind keine intellektuellen Konstruktionen, die aus der subjektiven Begrenzung einer Persönlichkeit geschaffen wurden, sondern es sind Werke, die dem Menschen die Verbindung zum Geistigen geben; es sind Brücken zur geistigen Welt.

Nachdem Sie sich nun auf der weißen Fläche nacheinander die Farben Rot, Gelb, Grün, Blau und Violett vorgestellt haben, verschwinden alle diese Farben sowie die weiße Fläche vor Ihrem Blickfeld.

Entspannungsort:

Sie schaffen sich jetzt einen «Entspannungs-Ort». Eine Ferienlandschaft, die Sie in natura erlebt haben oder auch ein Phantasiebild. Sie haben die Augen noch geschlossen. Stellen Sie sich einen bequemen Sitzplatz auf Ihrem Entspannungsort vor. Dort sitzen Sie ganz ruhig und gelöst und blicken geradeaus in die Ferne. Was sehen Sie? Schauen Sie nach rechts und nach links. Sehen Sie Berge, Wälder oder Flächen? Und was ist hinter Ihnen? In jedem Fall sind Sie geschützt. Sie sind sicher, daß Sie allein sind und nicht beobachtet oder gestört werden. Schauen Sie jetzt wieder nach vorne und betrachten Sie sich einmal selbst, wie Sie ganz locker und entspannt in Ihrem Ruhesessel auf Ihrem Entspannungsort sitzen. Atmen Sie ruhig ein und aus. Fühlen Sie, wie bei jedem Ausatmen Ruhe und Gelassenheit Sie durchdringen.

Wenn störende, ablenkende Gedanken auftauchen – das ist ganz normal –, dann versuchen Sie einfach, diese Gedanken zu ignorieren und sich wieder auf Ihre Übung zu konzentrieren. Ärgern Sie sich nicht über störende Gedanken, denn der Ärger übt eine Anziehung aus, so daß Sie die ablenkenden Gedanken nur noch stärker festhalten.

Bildschirmtechnik:
(Wunscherfüllung; Zielverwirklichung)

Lassen Sie jetzt vor sich – im Abstand von einigen Metern – eine *Leinwand* oder einen *geistigen Bild-*

schirm entstehen. Dieser geistige Bildschirm hilft Ihnen, *Wünsche* und *Ziele* zu verwirklichen.

Um Ihren geistigen Bildschirm zu lokalisieren und wirksam zu machen, heben Sie bitte Ihre Blickrichtung bei geschlossenen Augen um etwa 20 Grad an: Sie blikken also leicht aufwärts. In dem Blickbereich, den Sie damit erfassen, liegt Ihr potentieller «geistiger Bildschirm» – zunächst rein als Möglichkeit vorhanden, bei entsprechender Übung als definierte geistige Realität. Während der Übung denken Sie nicht mehr an das Anheben der Blickrichtung um 20 Grad. Dies gilt nur zum Beginn, lediglich zum Einstimmen in die Übung. Wenn Sie die Blickrichtung um etwa 20 Grad anheben, erreichen Sie damit einen Bereich, der etwas erhöht zwischen den beiden Augen liegt. In diesem Bereich ist eine heute verkümmerte Drüse – die Zirbeldrüse. In früheren Zeiten hat die Aktivität dieser Drüse bei manchen Menschen zum «Hellsehen» beigetragen. Man spricht auch vom «Dritten Auge». Durch die anfängliche Konzentration auf diesen Bereich wird eine bessere Vorstellungskraft bewirkt. Man hat auch festgestellt, daß beim leichten Aufwärtsblicken mehr Alpha-Gehirnstromschwingungen produziert werden.

Wählen Sie den Abstand des Bildschirms so, daß die darauf projizierten Bilder deutlich erkennbar sind. Konzentrieren Sie sich vor allem auch auf die Farben der Bilder. Mit dieser Bildschirm- oder Leinwandtechnik schaffen Sie *Leitbilder* für das Unbewußte. Bevor Sie mit dieser Technik beginnen, sollten Sie sich Klarheit über Ihre Wünsche und Ziele verschaffen. Haben Sie viele Wünsche, so setzen Sie Schwerpunkte. Manche Menschen wissen nicht, was Sie wollen. Daher leben sie nur so dahin und erreichen natürlich nichts.

Während ein Pfarrer bei einem Spaziergang über eine Wiese seine Predigt vorbereitete, begegnete er einem Mann, der das Heu zusammenharkte. Er kannte diesen Mann und fragte ihn: «Wie geht's?» – «Sie sehen doch, wie es mir geht», war die unzufriedene Antwort. «Gefällt Ihnen denn Ihre Arbeit nicht?», fragte der Pfarrer. Nein, sie gefiel dem Mann überhaupt nicht. «Ja, was würde Ihnen denn mehr Freude bereiten?», wollte der Pfarrer wissen. Der Mann wußte es nicht. Er hatte keine Vorstellung, was er erreichen möchte, was ihn erfüllen würde. So bekam er vom Pfarrer den Auftrag, einmal aufzuschreiben, was ihm Freude bereiten könnte. Nach einer Woche traf der Pfarrer den Mann wieder, der sich erstmals versucht hatte, Klarheit über seine Wünsche und Ziele zu verschaffen. Freude hätte er daran, irgendwie gestaltend mit Holz zu arbeiten. Die beiden Männer arbeiteten gemeinsam einen Plan aus, wie dies zu erreichen ist. Heute hat der Mann eine eigene Schreinerwerkstatt und ist glücklich. Hätte er sich nicht Klarheit über seine Wünsche verschafft und einen Plan zur Verwirklichung ausgearbeitet, würde er sicher heute noch Hilfsarbeiten verrichten und unzufrieden dahinleben.

Wenn Sie sich also im klaren sind über Ihre Wünsche, so nehmen Sie zuerst einmal den für Sie wesentlichsten Wunsch und projizieren Sie ihn auf Ihren geistigen Bildschirm. Sehen Sie den Wunsch bildhaft vor sich. Stellen Sie sich selbst auf Ihrem Bildschirm in einer Situation vor, in welcher dieser Wunsch bereits verwirklicht ist. Fühlen Sie Freude darüber in sich. Wenn Sie keine klaren Bilder sehen, dann ersetzen Sie die Bilder durch Begriffe. Sie können auf den Bildschirm oder auf die Leinwand den Wunsch schreiben. Im Laufe der Zeit entstehen dann Bilder.

Den Wunsch, den Sie sich von Ihrem Entspannungsort aus auf Ihren Bildschirm bildhaft oder geschrieben vorstellen, laden Sie mit aller Energie auf, indem Sie sich so in dieses Bild einleben, als wäre es bereits Wirklichkeit.

Machen Sie sich dabei bewußt, daß alles, was sein wird, zuerst in der Idee, in der Ein-Bildung, in der Phantasie vorhanden sein muß. Das Haus wäre nicht entstanden, wenn nicht «vorher» die Idee Haus, Tasse, Tisch, Fahrzeug usw. gewesen wäre. Alles ist ein Produkt der Vorstellung, der Ideen. Aus der geistigen Ebene der Ideen entsteht die physische Realität. Gedanken sind Kraftfelder, die durch Einstellung, Vorstellung, Bilder, durch geistige Aktivität wirken.

Edward Russel, ein Biologe, machte folgendes Experiment: Er nahm ein unbefruchtetes Salamander-Ei (auch andere Eier) und maß das elektrische Feld. Es verhielt sich so, als wäre es ein Ei mit «bereits vorhandenen Organanlagen». Danach muß auf jeden Fall «vorher» schon die Idee des Salamanders vorhanden sein, die sich im elektrischen Feld manifestiert. Die Idee, der Gedanke, der Begriff sind die Formgeber alles Werdenden.

Ein anderes Beispiel für die enorme Wirkung der Gedanken: Cleve Backster, Elektroniker, ist maßgeblich beteiligt an der Entwicklung des Lügendetektors – genannt Polygraph, einem elektronischen Meßgerät. Cleve Backster machte folgendes Experiment, um die Realität und Wirkung der Gedanken zu beweisen: Er war 320 Meilen von zu Hause entfernt in einem Hotel. Er rief zu Hause an und bat, den Polygraphen einzuschalten. Der Polygraph war mit seiner Pflanze, einem Philodendron verbunden. Jetzt saß Cleve Backster in seinem Hotel und dachte liebevoll an seine Pflanze – und der Philodendron reagierte sofort. Der Polygraph machte entsprechende Aufzeichnungen. Dieses elektronische Meßgerät mißt die elektrischen Spannungsverhältnisse an der Blattoberfläche.

Gedanken erzeugen Wirkungen, die den Urheber der Gedanken treffen.

Wenn Sie also die geistige Bildschirmtechnik einsetzen und sich auf Ihre Wunsch- oder Zielvorstellung mit aller Energie und Hingabe konzentrieren – so als wäre dieses Bild bereits Wirklichkeit –, dann aktivieren Sie alle Kräfte in sich, die zur Realisierung dieses Bildes beitragen. Dieses Bild wirkt auf Sie wie ein Magnet. Es erzeugt in Ihnen Ideen, die Sie dem Ziel näherbringen – bis es erreicht ist. Darüber hinaus geben Sie durch Ihre innere Einstellung, durch Ihre Vorstellungen ständige Impulse an die Umwelt. Sie ziehen dadurch Personen zu sich heran, und Sie bringen sich in Situationen, die hilfreich Ihre Vorstellungen unterstützen.

Alles, was ist, war zuerst eine geistige Gegebenheit. Alle Ereignisse sind bereits geistig vorhanden, bevor sie sich realisieren. Es gibt eine unvorstellbare Zahl von potentiellen Möglichkeiten, die sich physisch verwirklichen können. Dies hängt von der ausdauernden Intensität der gedanklichen und gefühlsmäßigen Konzentration des Menschen auf eine der potentiellen Möglichkeiten ab.

Machen Sie sich immer wieder bewußt, daß Gedanken Energien sind, die alles durchdringen. Kein Gedanke bleibt innerhalb der Körperlichkeit gefangen. Er wirkt sowohl auf den Organismus ein und erzeugt Wirkungen als auch ausstrahlend auf die Umwelt. Jeder Mensch hat eine individuelle Ausstrahlung, die seiner inneren gedanklichen Einstellung entspricht. Kirlian, ein Russe, hat diese Ausstrahlung mittels einer besonderen Fotografie sichtbar gemacht.

Modell des Menschen

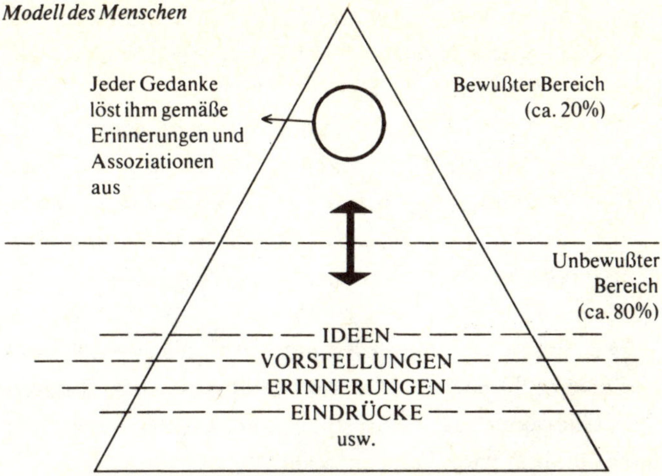

Die Ausstrahlung setzt sich aus Schwingungen zusammen, die wie Fühler sich nach qualitativen Entsprechungen orientieren.

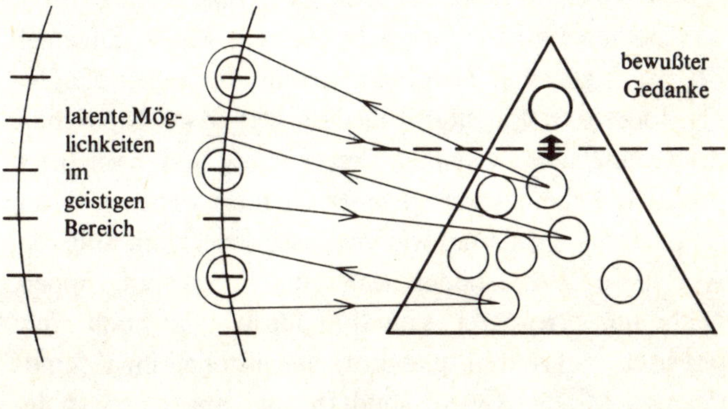

⊖= physisch aktualisierte Situationen durch Ihre Ideen, Gedanken, Vorstellungen, auch Erwartungen usw.

○= Ideen, Erinnerungen, Vorstellungen, Eindrücke

Diese Situationen haben sich ihrem geistigen Gehalt nach als Eindrücke in Ihrem unbewußten geistig-seelischen Bereich eingenistet. Sie gehören nun zum Bestandteil des Unbewußten und bilden Assoziationen, die wiederum inspirierend auf Ihr Bewußtsein und auf äußere Handlungen einwirken.

Die jetzt von Ihnen erlebten Situationen waren einstmals auch latente Möglichkeiten. Wenn sie krank oder arm oder allein sind, haben Sie diese Wirklichkeit von vielen möglichen ausgewählt, auf die Sie sich nun konzentrieren und dadurch den Zustand festigen.

Die Sphäre ist aufgeladen mit Ideen, die reinste Energie, also nicht wie die Materie vergänglich sind, sondern den Charakter der Unsterblichkeit haben. Ideen, die ihrer Qualität nach Wirkungen erzeugen.

Auf welche Wellenlänge schalten Sie sich ein? Dies liegt in Ihrer Freiheit! Sie sind frei, konstruktiv positiv oder herabziehend negativ zu denken. Es liegt ganz in Ihrem Willen, in Ihrer Disziplin, *es zu tun.*

Eine Idee wird in der Schweiz zum Patent angemeldet. Zum gleichen Zeitpunkt wird in Australien die gleiche Idee beim Patentamt niedergelegt. Zwei Menschen, die – ohne sich zu kennen – gegenseitig von ihren Ideen profitiert haben. Ideen gleicher Qualität ziehen sich an. So profitiert im Guten wie im Bösen jeder vom anderen. Auf diese Weise bilden sich auch Interessengruppen. Nicht nur orientieren sich Ihre Ideen nach noch nicht physisch realisierten qualitativ gleichartigen im Kosmos latenten Möglichkeiten, sondern auch nach bereits äußerlich verwirklichten Situationen, die Ihrer gedanklichen «Wellenlänge» entsprechen. So ziehen Sie sich mit Hilfe Ihres Unterbewußtseins, das ja zu etwa achtzig

Prozent aller Aktionen und Reaktionen steuert, stets zu den Menschen und Gegebenheiten hin, die Ihrer inneren Einstellung und Erwartung entsprechen. Sie entscheiden durch die Qualität Ihrer Gedanken, die sich in Ihrer Ausstrahlung widerspiegelt, von welchen Menschen und damit auch Situationen Sie umgeben sind. Sie sind der Selbstgestalter Ihres Schicksals. Es ist kein Verdienst, nur auszuleben, was uns zum Beispiel als Erbe und durch Erziehung mitgegeben worden ist. Diese Impulse nur auszuleben, hieße, das sogenannte «mitgebrachte Schicksal» lediglich abzuwickeln. Abwicklung ist keine Entwicklung.

Wenn Sie sich auch entgegen Ihren Veranlagungen und Neigungen Ziele setzen und Ihre innere Einstellung wie Ihr Verhalten auf diese Ziele ausrichten können, dann kreieren Sie eine «Parallelspur zum Schicksal». Und auf dieser Parallelspur entwickeln Sie sich. Erst hier setzt die innere Freiheit und Unabhängigkeit ein. Letztlich sogar frei zu sein von sich selbst, seinen Stimmungen, Neigungen. Nicht mehr in sich selbst gefangen, sondern auf Distanz zu sich zu sein.

Innere Freiheit:

Freiheit heißt, sich «freizumachen» von der Gebundenheit an sich selbst. Und da diese innere Freiheit so unabdingbar mit Erkenntnis verbunden ist, heißt «frei sein von sich selbst»: sich *erkennend* über alle Neigungen, Begierden, Wünsche – sich über sich selbst zu erheben. Sie können nur etwas «erschauen», «erkennen», von dem Sie sich losgelöst haben. Wenn Sie Ihr eigenes Wesen erkennen wollen, so müssen Sie sich davon losgelöst haben, um es von außen anschauen zu können (Professor Otto Julius Hartmann). Unfrei sind Sie, solange Sie an sich selbst gebunden sind. Der Mensch kann sich Ich-bewußt denkend über sich selbst erheben. Das ICH steht über allen entstehenden und vergehenden Dingen – es unterliegt nicht den Gesetzen der Natur, denn es ist geistig. «Alles, was ich entstehen und vergehen sehe – ist nicht mein ICH», sagt Buddha. Dieses *denkende ICH* kann zur inneren Freiheit führen – uns über die Naturgebundenheit erheben.

Und diese selbst gesetzte Parallelspur zum Schicksal ist der Weg in die Freiheit. Freiheit ist also Einsatz, bewußter Einsatz, Aktivität, ist Entwicklung. Diese selbst erarbeitete individuelle Freiheit läßt uns die Unabhängigkeit von allem Geschehen erleben.

Solange der Mensch verstrickt ist in seine Körperlichkeit, seine Äußerlichkeit, in sein egozentrisches Selbst (das ICH steht darüber), solange er beeindruckt und somit gefangen ist von äußeren Gegebenheiten, ist er ein unfreies Wesen. «Es muß so fühlen und so handeln, weil es sich getrieben fühlt und sich treiben läßt, so zu handeln. Es ist in seinen eigenen Grenzen gefangen. Es fühlt schmerzlich seine Unfreiheit, seine Abhängigkeit, sein Gebundensein. Das Wesen ist unfrei, weil es an sich selbst gebunden ist» (Prof. Otto Julius Hartmann). Freiheit heißt, sich «frei zu machen» von der Gebundenheit an sich selbst.

Die Parallelspur zum Schicksal erreichen Sie mit der «Bildschirmtechnik». Der hohe Wert dieser Technik besteht auch darin, daß Sie sich selbst auf Ihren Schirm projizieren können – und dadurch auf Distanz zu sich selbst gehen, sich von sich selbst loslösen und nun zum Beispiel durch Gedanken und Vorstellungen Eigenschaften in sich verankern, die Sie sich ersehnen: Heiterkeit, Geduld, Harmonie, Ruhe, Energie –; oder stellen Sie sich Gesundheit vor, ein gesundes Leitbild, das Sie durchdringt. Stellen Sie sich Situationen vor, in denen Sie diese Eigenschaften verkörpern. Während der Übung geben Sie alle Energie in dieses Bild hinein. Bemühen Sie sich zum Beispiel, Freude in sich zu fühlen, so, als wäre diese Situation bereits Wirklichkeit. Indem Sie in Ihrer Vorstellung auf Ihrem Entspannungsort bequem in Ihrem Ruhesessel sitzen, können Sie von dieser Position aus das gewünschte Bild auf Ihren Schirm projizieren. Sie beginnen, sich selbst zu steuern. Sie verankern durch Gedanken und Vorstellungen gewünschte Leitbilder in sich. Sie wirken dadurch gestaltend an einem neuen Schicksal, das Sie sich bewußt selber schaffen.

Sie können ein *passives Schicksal* erleiden und dafür die Verantwortung anderen übertragen. Das ist dann totale Unfreiheit. Oder Sie können ein *aktives Schicksal* selber gestalten, an Ihrem Schicksal bewußt wirken und so zur inneren Freiheit gelangen, Freude an sich selbst zu entwickeln, am ganzen Sein. Sie sind der Steuermann Ihres Lebens.

Eine unserer Kursteilnehmerinnen, sie ist etwa Mitte sechzig, hatte einen sehnlichen Wunsch: Nicht mehr allein zu sein. Sie wünschte sich so sehr einen Partner, mit dem sie in Harmonie leben kann.

Sie ist inzwischen sehr glücklich verheiratet und erzählte uns, was sie erlebt hat. Nach dem Kursbesuch hat sie täglich mit der Bildschirmtechnik gearbeitet. Da sie ja den Partner, den sie sich ersehnte, nicht kannte, projizierte sie auf ihren Bildschirm Situationen, die ihr zeigten, sie ist nicht mehr allein. Sie stellte sich zum Beispiel vor, den Tisch für zwei Personen zum Essen zu decken – oder sie konzentrierte sich auf eine andere Szene, die ihr Freude machte: Jemand holt sie ab, trägt ihren Koffer heraus, sie sitzt neben dem Fahrer, den sie sich als ihren Partner vorstellte – und sie fahren gemeinsam in die Ferien. Die Bildschirmtechnik hat sie unterstützt, indem sie tagsüber – speziell dann, wenn sie wieder unter der Einsamkeit litt – sich auf ihre Vorstellungsbilder konzentrierte und sich dabei die große Macht der Gedanken bewußt machte, und daß man immer das erlebt, was man mit starker Hingabe erwartet. Sie erzählte uns, daß sie an sich feststellte – bereits nach einigen Wochen –, wie sich ihr Verhalten änderte. Mehr als sonst konnte sie sich anderen Menschen gegenüber öffnen. Da sie auch gelernt hatte, wie wesentlich ein wohlwollendes Verhalten anderen Menschen gegenüber ist, bemühte sie sich, diese Einstellung in sich zu erzeugen. Tatsächlich trägt ein wohlwollendes Verhalten entscheidend zum langfristigen Erfolg bei. Auch hier arbeitet man mit der Bildschirmtechnik. Man kann sich zum Beispiel als Übung einen Menschen vorstellen, zu dem man sich nicht gerade hingezogen fühlt. Indem man sich während der Übung bewußt macht, daß wir Menschen sogar dringend unsere Schwächen und Unvollkommenheiten benötigen, um uns überhaupt entwickeln zu können, beginnt eine Toleranz zu wachsen gegenüber den menschlichen Schwierigkeiten. Diese Toleranz fühlt unausgesprochen jeder andere – er kann sich mehr öffnen, besser entfalten. Dankbarkeit und Sympathie bringt man Ihnen entgegen, wenn Sie diese Toleranz anstreben. Das erfuhr die Dame, ganz besonders von ihrem Apotheker, den sie schon seit über zehn Jahren kannte, jedoch nie ein Gespräch mit ihm geführt hat. Durch ihr verändertes, offenes Wesen kamen sich die beiden Menschen näher – und heute sind sie ein glückliches Paar, das in Harmonie miteinander lebt.

Ein anderer Kursteilnehmer fragte mich ein wenig verlegen, ob er mit der Bildschirmtechnik auch einen ganz materiellen Wunsch verwirklichen könne. Er wünsche sich ein höheres Bankkonto. Da er so verlegen diese Frage stellte, bat ich ihn, mir zu erklären, worin seine Hemmungen bestünden. «Was ist negativ am Geld, wenn Sie so unsicher sind?», fragte ich ihn. Er wußte keine rechte Antwort darauf. Einerseits ersehnte er sich Reichtum, andererseits hatte er offenbar Hemmungen, geistige Übungen dafür einzusetzen.

Diese Technik kann man nur dann erfolgreich ausüben, wenn man mit allen Fasern seines Seins hinter seinem Wunsch steht. Sind Sie unsicher, dann stellen Sie sich selbst verschiedene Fragen, um zu einer Klarheit zu kommen. Ich demonstrierte das diesem Herrn. Auf die Frage, «was ist negativ am Geld?» kann man die Antwort finden: «Geld ist neutral». Es ist der Wert, den jeweils der einzelne Mensch dem Geld (oder anderen Dingen) gibt, der dann für ihn Bedeutung hat. Ein anderer hat ganz andere Wertmaßstäbe. Wenn Sie dem Geld Bedeutung beimessen, ist es für Sie wichtig. Dann stehen Sie auch voll hinter Ihrem Wunsch und bemühen Sie sich um Verwirklichung. Genau dies strebte mein Kursteilnehmer an. Einige Monate arbeitete er mit der Bildschirmtechnik. Er «sah» sich in Situationen, die ihm zeigten, daß er diese durch ein höheres Einkommen hatte. Er stellte sich beim Pläneschmieden im Kreis seiner Familie vor. Pläne, die er sich durch seine gute finanzielle Lage erfüllen konnte. Er hat die Technik richtig ausgeführt, da er sich bei all seinen Vorstellungsbildern immer die Freude bewußt machte, die er empfinden würde, wenn sich diese Wunschbilder realisieren. Freude öffnet und macht kreativ. Später erzählte er mir, daß es ihm zuerst nicht so leicht gefallen ist, auch tagsüber seine Gedanken so einzustellen, daß sie seiner Zielvorstellung entsprachen. Seine damalige bedrückende finanzielle Situation lag ihm zu sehr auf der Seele. Nur durch das disziplinierte, ständige Bewußtmachen, daß alles was ist sich stets von innen nach außen entfaltet, gab er sich selbst immer wieder den Anstoß, sich bessere ersehnte Verhältnisse vorzustellen. Allmählich fühlte er die Wirkung dieser positiven Gedanken und Vorstellungsbilder. Sie inspirierten ihn, machten ihn kreativ und offener. Damit änderte sich natürlich auch seine ganze Ausstrahlung. Damals war er Buchhalter. Heute ist er Direktor der Finanzabteilung eines internationalen Konzerns.

Immer zu Weihnachten erhalte ich einige Zeilen von ihm. Jetzt schon seit vier Jahren. Regelmäßig morgens vor Beginn seiner Arbeit begibt er sich auf seinen «Entspannungsort». Er projiziert jeweils ein Nah- und ein Fernziel auf seinen Bildschirm, Tag für Tag. Als Abschluß seiner Übung «sieht» er sich gesund, heiter, voll Energie und in einem guten Verhältnis zu seinen Mitarbeitern. Er braucht etwa fünfzehn bis zwanzig Minuten für diese Übung. Beständig stabilisiert er sich damit. Die täglichen Übungen sowie seine Gedankenkontrolle und -steuerung vermitteln ihm eine innere Harmonie und die Überzeugung, die inzwischen auf seinen Erfahrungen beruht, daß er zukünftige Ereignisse in ihrem qualitativen Ausgang steuert.

Es gibt viele Wege zum Ziel. Daher ist es nicht vorteilhaft, sich auf einen Weg festzulegen. Konzentrieren

Sie sich auf Ihr Ziel, auf den ersehnten Endzustand. Richten Sie alle Ihre Gedanken, Ihre Vorstellungen, Erwartungen und Gefühle darauf. Setzen Sie Ihren Willen ein. Tun Sie es. Ihr Unbewußtes macht alle Anstrengungen, um dieses Ziel zu verwirklichen. Halten Sie jedoch nicht verbissen an Ihrem Ziel fest. Das Anwenden dieser geistigen Bildschirmtechnik und die dazugehörige Gedankenkontrolle erzeugt eine geistig-seelische Entwicklung in Ihnen, durch die sich die Ziele verschieben könnten.

Vergleichen Sie einmal Ihr Unbewußtes mit einem Computer, den Sie beständig mit Ihren Gedanken speichern. Er kann nur qualitativ das wieder aus sich herausgeben, was die Speicherung beinhaltet. Nur mit den eingegebenen Werten kann er operieren. In Ihren Gedanken sind Sie frei! Machen Sie bewußt unter Einsatz Ihres Willens von dieser Freiheit Gebrauch. Die Qualität Ihrer Gedanken und Handlungen wirkt gestaltend und bestimmend auf Ihr Schicksal ein. Gedanken sind die stärkste Macht der Welt!

Je weniger festgelegt, je offener, flexibler Sie sind, desto mehr Ideen strömen Ihnen zu, die Ihr persönliches und berufliches Leben bereichern. Alles wird aus der Idee geboren. Mit einer offenen inneren Einstellung sind Sie immer aufnahmebereit. Dadurch sind Sie in einem ständigen Lernprozeß, der eine geistige Beweglichkeit mit sich bringt. Welche Freude empfindet man doch, sich mit aufgeschlossenen, geistig offenen, nicht festgelegten Menschen zu unterhalten. Durch dieses Bemühen werden Sie immer Freunde haben. Auch im Alter, weil das Zusammensein mit Ihnen immer ein geistiger Gewinn ist.

Denken Sie öfter daran, daß kein Mensch die universale Realität wahrnehmen kann. Jeder nimmt aufgrund seiner subjektiv individuellen Ausrichtung einen bestimmten Teil der Realität wahr. In den Grenzen dieser Teilrealität bewegt er sich, erhält er Eindrücke, macht er Erfahrungen. Er kann diese Teilrealität bis ins Detail wissenschaftlich studiert haben. Kann er die Ergebnisse jedoch nicht in bezug zur universalen Realität bringen, haben seine Aussagen immer nur bedingten Wert. Sie sind eine Teil-Wahrheit. Jede noch so wissenschaftliche Untersuchung nur an einem Teil des menschlichen Organismus – ohne Kenntnis vom ganzen Menschen, vom Gesamt-Organismus zu haben – würde niemals das ganze menschliche Wesen zum Bewußtsein bringen. Das Bemühen, Erkenntnisse aus einem Spezialgebiet einzuordnen in den universalen Ablauf, erweitert das Bewußtsein, das mehr Ideen auffangen kann, die zu neuen Erkenntnissen führen. Es ist ein sich fortsetzender Entwicklungsprozeß. Voraussetzung für diese Entwicklung ist, immer mehr für möglich zu halten, als der momentanen eigenen Erkenntnis entspricht. Diese Bescheidenheit und Offenheit gibt Raum für neue Entdeckungen.

Stellen Sie sich einmal eine «Multidimensionale Persönlichkeit» vor, ein Wesen, das mit seinem hohen Selbst bewußt mehrere Dimensionen durchdringen kann. Von dieser Multidimensionalen Persönlichkeit sind Sie eine «Teil-Persönlichkeit». Je mehr Kenntnis und Bewußtsein Sie sich von diesem hohen Selbst erarbeiten, desto *Selbst-bewußter* werden Sie. Dieses Selbstbewußtsein bewirkt nie eine gekünstelte Überheblichkeit, wohl aber eine offene Natürlichkeit.

Unsterblichkeit – Inkarnationen:

Um dieses hohe Selbst zu erkennen, muß man sein denkendes Ich einsetzen: der Mensch ist von seiner Körperlichkeit her endlich, sterblich. Nur sein ICH, die geistige Substanz des Menschen, das was ihn als Menschen auszeichnet, ist unendlich. Da diese geistige Substanz – wie alles Geistige – ohne physische Dimensionen ist, reinste Energie, muß es unsterblich sein. Durch sein ICH ist der Mensch unsterblich. Wohl unterliegt dieses ICH – wie alle Energie – Wandlungen.

Erfahrungen sind die beste Hilfe zur Wandlung des ICH's. Da das ICH die Wandlung beinhaltet, fühlt es sich wohl, empfindet es Freude bei jeder offenen, flexiblen inneren Einstellung, die die Bereitschaft zur Änderung nach sich zieht. Jede Festlegung, jede starre Haltung wird schmerzlich empfunden. Der Mensch erfährt Leid. Dies gibt ihm den Antrieb zur Überwindung, die zu neuen Erkenntnissen und damit auch zur vorgesehenen Wandlung führen kann.

Sie wird in jedem Fall stattfinden, muß aber nicht zwangsläufig den Weg über das Leid nehmen. Darum ist das reine Denken, das offen und frei von Vorurteilen, Sympathien und Antipathien, Erwartungen und Absichten ist, eine wesentliche Voraussetzung zur Erkenntnis.

Erkennen Sie sich selbst! Wer sind Sie? Sind Sie ein Wesen, das von Geburt bis zum Tod lebt und dann in Nichts vergeht? Wozu dann alle Anstrengungen? Oder glauben Sie an ein Paradies oder eine Hölle mit einem richtenden Gott nach diesem physischen Leben? Wenn Ihre Vorstellung auf die Einmaligkeit des Lebens auf dem irdischen Planeten beschränkt ist, worin liegt dann der Grund für die unterschiedliche geistig-seelische wie auch körperliche Beschaffenheit des Menschen bei seiner Geburt? Wollen Sie alles auf biologische Inhalte und Vorgänge reduzieren? Auf Erbanlagen? Auf Zufälle? Oder können Sie sich vorstellen oder für möglich halten, daß das ICH-Wesen von Leben zu Leben geht, um immer neue Erfahrungen zu sammeln, immer reicher an Erkenntnissen zu werden, so daß sein Bewußtsein sich ständig erweitern kann, um einmal das Gottes-Bewußtsein erfassen zu können. Gott gleich zu sein.

Stellen Sie sich folgendes Bild vor: Das ICH verläßt am Ende seines irdischen Lebens den Körper. Es kehrt dahin zurück, wo es her kam und immer seine Heimat hat: In die geistige Welt. Dort wird es konfrontiert mit seinen Gedanken, Gefühlen und Taten aus der Zeit seines irdischen Lebens. Es findet ein Lernprozeß unter Anleitung hoher geistiger Energien – man könnte sie auch als geistige Lehrer bezeichnen – statt. Der Grad des Bewußtseins, den sich das ICH während seines Lebens auf dem irdischen Planeten erarbeitet hat, bestimmt über die Aufnahmefähigkeit in der geistigen Welt. Je weiter das Bewußtsein des ICH's, desto mehr Eindrücke kann es nun in der geistigen Welt empfangen. Nur im Schein seines Bewußtseins ist es hell, und in diesem Lichtkreis kann es erkennen. Das ICH-Wesen, das im verkörperten Zustand sein Denken benutzt hat, um sich geistige Erkenntnisse zu erarbeiten und sie zu leben, hat im besten Sinn sein Bewußtsein erweitert, in dem sich nun im unverkörperten Zustand die Erhabenheit der geistigen Welt zeigt. Dies wird als unbeschreibliche Freude und Seligkeit empfunden.

Der Lernprozeß des ICH-Wesens dauert so lange, bis das ICH selbst den Wunsch nach einer Wiederverkörperung hat, um mit Hilfe eines neuen Körpers notwendige

Erfahrungen zu sammeln. Erfahrungen die nur im physischen Körper möglich sind, denn durch «Herausfallen» aus der geistigen Welt befindet sich das ICH-Wesen auf Distanz. Und nur aus der Distanz heraus kann es Erkenntnis gewinnen. Nur auf was ich schauen kann, erkenne ich, und durch Erkenntnis erlange ich eine Bewußtseins-Erweiterung. Nach dem physischen Leben ist das Bewußtsein je nach dem Grad seiner Weite durchdrungen und beeindruckt von der geistigen Welt. Es ist verwoben mit ihr, nicht mehr auf Distanz. Das Bewußtsein kann also nie mehr erkennen als es dem Grad seiner Weite entspricht. Darum ist jedes neue physische Leben eine wunderbare Chance, um weitere Erfahrungen und damit Erkenntnisse zu sammeln. Jede Erfahrung - ob positiv oder negativ - kann, wenn sie bejahend entgegengenommen wird, zur Erkenntnis beitragen.

Jedes ICH sucht sich bei einer neuen Verkörperung die bestmögliche Situation für seine Entwicklung aus. Gerade in belastenden Erbanlagen und schwierigen, bedrückenden Situationen liegen oft die größten Chancen, denn durch ihre Überwindung kann eine großartige Entwicklung stattfinden.

So geht das ICH-Wesen von Inkarnation zu Inkarnation. Jedesmal hat es eine neue Chance zur Bewußtseins-Entwicklung, doch es ist frei, von dieser Chance Gebrauch zu machen. Nimmt es seine Möglichkeiten nicht wahr, erfährt es Leid. Nicht als Strafe, sondern als Hilfe, denn im Streben, das Leid zu überwinden, liegt wieder eine Chance zum Erkennen. Damit trägt jede Krankheit, jedes Unglück den Keim zum Positiven in sich. Sehen Sie jeden Mißstand unter diesem Gesichtspunkt. Nehmen Sie ihn mit dem Willen zur Überwindung hin. Dann findet in Ihnen ein Reifeprozeß statt, durch den Sie zu einer starken Persönlichkeit werden, welche die Erscheinungen des Lebens wissend und bejahend entgegennimmt.

Denken Sie jetzt noch einmal an Ihre «Multidimensionale Persönlichkeit», deren sich die meisten überhaupt nicht oder nur zum geringen Teil bewußt sind. Die meisten Menschen haben nur ein Ego-Bewußtsein, das sich ausschließlich mit irdischen Alltäglichkeiten beschäftigt. Jedes verkörperte ICH-Wesen ist das Ergebnis aller bisherigen Inkarnationen; es trägt sie wesensmäßig alle in sich - unbewußt. Die Inkarnationen haben seine heutigen Neigungen, Fähigkeiten und Schwierigkeiten bewirkt. In dem Maße, in welchem der Mensch an seiner jetzigen Verkörperung geistig arbeitet, durchdringt er gestaltend und verändernd nicht nur seinen jetzigen geistig-seelischen Bereich und legt den Samen für kommende Inkarnationen, sondern er durchdringt alle bisherigen Inkarnationen, zu denen er geistig in ständigem unbewußten Kontakt steht.

Folgende Übung fördert eine Bewußtseins-Erweiterung und hilft Ihnen, Ihre Multidimensionalität besser zu erfassen:

Stellen Sie sich selbst als ein hohes ICH-Wesen vor, das sich aller seiner bisherigen Inkarnationen voll bewußt ist - sie geistig lebendig vor sich sieht - und darüber hinaus ein Urbild von sich wahrnimmt mit einem Bewußtseinszustand, der dem höchsten geistigen Wesen - Gott - gleich ist. Und mit diesem Bewußtsein alles durchdringen kann bis ins letzte Teilchen, erkennend, daß alles eine Schöpfung dieses Bewußtseins ist und in *allem* dem Schöpfer begegnet, der ständig verwandelnd, neuschöpfend wirkt.

Zum großen Teil werden Sie diese Vorstellungs-Übung abstrakt denkend durchführen; es wird nicht in Ihren Erlebnisbereich vordringen. Es geht nur um das «Bemühen» in dieser Übung, das Bewußtsein auf andere Denk- und Vorstellungsinhalte zu lenken. Es wird dadurch flexibler und kann sich aus seiner Starre und Enge befreien. Das Bewußtsein wird fähiger, neue Ideen und Vorstellungsbilder aufzunehmen, die das ICH bereichern und zur Entfaltung der Persönlichkeit beitragen.

Ganz besonders und tiefgreifend unterstützend wirkt hier die «Bildschirmtechnik». Indem Sie die Augen schließen, sich mit zwölf zu eins auf Ihren Entspannungsort mit ruhigen Atemzügen herunterzählen, sich ganz entspannt auf Ihren Ruheplatz setzen, die friedliche und harmonische Szene Ihres Entspannungsortes auf sich wirken lassen und dann gewünschte Bilder auf Ihren Bildschirm projizieren, lenken Sie Ihr Bewußtsein in andere Dimensionen. Sie ziehen es ab von der Enge des Alltagsgeschehens.

Bedenken Sie die Multidimensionalität Ihres Wesens mit all den schlummernden Fähigkeiten, die auch deswegen versunken sind, weil der Mensch sein Bewußtsein immer mehr abzog vom Geistigen und sich teilweise bis zur Ausschließlichkeit auf das rein Materielle konzentrierte.

Projizieren Sie jeden Tag ein Bild von sich selbst auf Ihren Bildschirm, das Sie sich wünschen. Ein Idealbild von sich selbst. Machen Sie sich dabei öfter die in Ihnen liegende Weisheit bewußt. Ein Schatz von Erinnerungen, Erfahrungen, Ideen liegt in Ihnen verborgen. Vor allem denken Sie immer wieder daran, meditieren Sie darüber, daß Ihr Unbewußtes, Ihr geistig-seelischer Bereich, in ständigem Kontakt zum geistigen Kosmos steht, in dem nicht nur alle Ideen und Gedanken ihr zu Hause haben, sondern in welchem auch der geistige Gehalt *aller* Ereignisse der Vergangenheit und alle zukünftigen Möglichkeiten aufgezeichnet ist. Stellen Sie sich diese Aufzeichnung nicht wie eine tote historische Niederschrift vor, vielmehr wie eine lebende Chronik, denn der geistige Inhalt aller Ereignisse ist unsterblich – ewig lebend.

Es hat immer Persönlichkeiten, hochstehende verkörperte Wesen gegeben, die sich vollbewußt in diese geistigen Bereiche einschalten konnten, und was sie dort erlebten, einem Kreis von auserwählten Schülern in den sogenannten Geheimschulen oder Mysterienstätten wiedergaben. So existieren Überlieferungen dieser hohen Eingeweihten, die uns Kunde von der geistigen Welt geben.

Solange Sie ein zu enges Bild von sich selbst haben, das sich zum Beispiel nur aus Erbanlagen, Erziehung, Ausbildung, Umwelteinflüssen zusammensetzt, halten Sie sich in der bedrückenden Enge dieses Selbstbildnisses auf. Wenn Sie sich nur nach den Aussagen der Chemiker orientieren, für die der menschliche Körper ein System aus Sauerstoff-, Wasserstoff-, Kohlenstoff-, und Stickstoff-Verbindung ist, dann kann diese Orientierung zur Depression führen. Denn, daß unser Körper vor allem der Wohnsitz einer Seele ist, dies können die Chemiker in ihrem Labor nicht herausfinden. Begnügen Sie sich nicht mit einer «Ahnung», daß der Mensch doch etwas mehr sein muß als nur eine chemische Fabrik. Es gibt genügend fundierte Literatur, die diese Ahnung durch Wissen zu einer Überzeugung werden läßt. Jeder Einsatz, den Sie leisten, um immer klarer die wahre wunderbare Größe Ihres Seins zu erkennen, steigert die

Bedeutung und auch Freude Ihres momentanen irdischen Seins.

Jeder Tag hat seinen besonderen Wert mit seinen Ereignissen, die Ihnen positive und negative Erfahrungen bescheren. Wenn Sie wissen, daß der Wert Ihres Lebens gerade in den Erfahrungen *jeglicher Art* liegt, dann können Sie Ihre momentane Perspektive verändern und mit einer gewissen weisen Gelassenheit die Erfahrungen hinnehmen mit dem Bemühen, aus ihnen zu lernen.

Solange ein Mensch nicht durch gelebte Erkenntnis und innerer geistiger Reife die erhabene Größe seines geistigen Ursprungs und Seins erfahren hat, würde seine noch so große Phantasie niemals die Würde und Erhabenheit seines geistigen Wesens erfassen können.

Deshalb scheuen Sie sich nicht, auf Ihren Bildschirm ein gewünschtes Idealbild von sich selbst zu projizieren. Sie kommen in Ihrer Vorstellung nicht annähernd an die verborgene wahre geistige Größe Ihres Wesens heran. Jedes Idealbild aber, in das Sie sich mit Hingabe vertiefen, erweckt und fördert Ihre geistigen Qualitäten und schiebt entstandene Grenzen immer weiter hinaus, so daß eine Entwicklung in Ihnen stattfindet, durch die Sie sich in alle Richtungen immer mehr entfalten können. Jede Entfaltung wirkt wie eine beglückende Befreiung.

Dies werden Sie an sich erleben, wenn Sie mit einer Treue und Beständigkeit so vorgehen, wie ich es Ihnen hier schildere. Viele unserer Kursteilnehmer leben heute auf einem völlig anderen geistigen Niveau mit entsprechenden veränderten, glücklicheren Situationen. Indem sie die Bildschirmtechnik einsetzen und eine Gedankenkontrolle und -steuerung ausüben, erleben sie nun eine geistige Entwicklung, die zur Entfaltung der Persönlichkeit beiträgt. Darüber hinaus steigert man auch seine Leistungen. Man erreicht mehr.

Zum Beispiel haben Sportler ihre Leistungen verbessern und teilweise erheblich steigern können, nicht indem sie sich mehr verausgabten; sie erzielten sogar eine größere innere Ruhe und konnten viel konzentrierter ihre ganze Energie auf ihr Ziel richten. Jeden Tag setzten sie die Bildschirmtechnik ein, projizierten ihr Ziel auf den Schirm, nämlich in Bestform zu sein, sich als gewinnende Mannschaft zu sehen oder als gewinnender Einzelsportler. Sie machten die Übung mehrmals am Tage und achteten darauf, daß ihre ganze innere Einstellung mit dem vorgestellten Ziel übereinstimmte.

Ein ehemaliger Kursteilnehmer aus Österreich, der ein passionierter Skiläufer ist und schon an vielen Wettkämpfen teilgenommen hat, berichtete uns, daß er zusätzlich zu seinem körperlichen Training mit der geistigen Trainingsmethode – der Bildschirmtechnik – gearbeitet hat. In dem Jahr hat er eine Leistung wie nie zuvor erreicht. Das fiel auch seinen Kameraden auf, die ihn fragten, was er nur unternommen hätte, um in solch einer Form zu sein.

Mit dem Herunterzählen auf den idealen Entspannungsort bei geschlossenen Augen und ruhigen Atemzügen verbindet sich eine wohltuende Entspannung, die zu einer Selbststabilisierung führt, die Streß überwindet und sowohl Unpäßlichkeiten als auch Ärger oder Aufregung beseitigt. Der Mensch findet immer wieder zu sich selbst, hat innere Ruhe und Ausgeglichenheit: Die beste Basis für optimalen Einsatz seiner Energien und Fähigkeiten.

Während des sportlichen Einsatzes mögen zwar Situationen auftreten, die zu Spannungen oder Ärger führen – aber die von uns trainierten Sportler wurden damit in Sekunden fertig. Die innere Harmonie führt zu harmonischerer Körperfunktion und zu gelöster Energie-Entfaltung (ohne verkrampfte Anstrengung). Entscheidend ist dabei: bei unserem Training tritt keine Reduktion der Dynamik ein (wie bei manchen anderen Entspannungsmethoden) – sondern durch die Übungen wird die erwünschte positive «Betriebsspannung» verstärkt!

Allein der gelöste, entspannte Zustand, der während der Übungen eintritt, lohnt das Training; er schlägt sich unmittelbar in besserer Leistung bei geringerer Belastung nieder.

Unser Training führt einen direkten Zugang zu tieferen Persönlichkeitsebenen herbei: zum Bereich der Antriebs- und Ablaufsteuerung. Dadurch wird ein Umgang mit eigenen Antrieben und Reaktionen erzielt sowie eine Verbesserung der Fähigkeiten durch zielsetzenden Direkteinfluß auf automatische Abläufe – eine «Instinktsteuerung». Die seelischen Komponenten des Entspannungszustandes während der Übung schaffen einen Kontakt zu tieferen Persönlichkeits- und Bewußtseinsebenen, von denen ja mehr als achtzig Prozent aller Aktionen und Reaktionen gesteuert werden. Durch die Übungen läßt sich ein wirksamer Einfluß auf diese steuernden Ebenen ausüben. Unbewußt ablaufende Automatismen werden dadurch zielgerichtet trainiert – es werden Leitbilder und Antriebe geschaffen, die als «Steuerprogramme» wirken und sowohl körperliche als auch seelische Funktionen im Sinne der angestrebten Ziele koordinieren. Die im Training erarbeiteten Techniken und Verhaltensmuster lassen sich dadurch tiefgreifend verankern und wirksam machen!

Sind die Leitbilder durch unser Training verankert worden, so wirken sie unbewußt und automatisch weiter – als steuernde Impulse; sie aktivieren zielgerichtete Energien und sorgen selbständig dafür, daß die Ziele und Verhaltensweisen realisiert werden. Unbeeinflußt von äußeren Situationen, Stimmungsschwankungen und anderen Störfaktoren. Beispiele für die Wirkung und den Wert unbewußter Steuerprozesse:

Wer einen Ball wirft, faßt das Ziel ins Auge (und setzt eine Wurftechnik ein) – aber er achtet nicht auf die einzelnen Muskelbewegungen. Das Zusammenspiel der Muskelgruppen geht automatisch vor sich. Je präziser dieser unbewußte Steuerungsvorgang abläuft, desto kraftvoller und sicherer ist der Wurf. Jeder Sportler – gleichgültig welcher Disziplin – hat seine trainierten Techniken – kann aber nicht während des Einsatzes auf die Einzelheiten der Muskelbewegungen achten. Er ist auf die automatisch wirkende «Programmierung» der Nerven- und Muskelvorgänge angewiesen. Je exakter die trainierten «Programme» ablaufen, desto besser die Leistung und die Sicherheit.

Unser Training vertieft und präzisiert die im Körpertraining geschaffenen Verhaltensmuster und Techniken – es verankert diese Fähigkeiten und Fertigkeiten auf tieferen, von Störfaktoren unbeeinflußten Ebenen. Der Sportler kann sich in jeder Situation besser auf die automatischen Funktionen verlassen. Die Energie wird optimal genutzt, die Zielsicherheit aller Bewegungen und Aktionen gesteigert.

Das Wirksammachen lebendiger Antriebe und Zielsetzungen in tieferen Schichten führt zu einem kraftvollen Antrieb und schafft eine «seelische Blaupause» für den Gesamtablauf der Aktionen und Reaktionen: In der konkreten Wettkampfsituation wirkt sich diese psychische Basis als Stärkung der instinktsicheren automatischen Verhaltenweisen aus – der Sportler reagiert blitzschnell und exakt im Sinne der Zielsetzung. Er fühlt diese innere Sicherheit und setzt sich gelöst und erfolgsgewiß ein. Er weiß, daß er sich auf sich selbst verlassen kann!

Was ich hier als Beispiel für den sportlichen Bereich angeführt habe, gilt natürlich ebenso für alle anderen Bereiche: als Vorbereitung für Gespräche und Besprechungen, für Examen jeder Art, für öffentliches Auftreten.

Setzen Sie täglich etwa 15 Minuten für Ihre Bildschirmtechnik ein – dieser kombinierten Entspannungs-, Zielsetzungs- und Kontaktübung; sie dient der Selbststabilisierung und dem Aufbau eines Leitbildes, das sich realisieren soll. Die Wirkung ist eine stabile seelische Kondition – Gelöstheit und Frische – zielsichere Steuerung des bewußten und unbewußten Verhaltens – Konzentration psychischer Energien im Hinblick auf die Ziele – innere Ruhe auch bei Belastung. Sie haben sich unter Kontrolle, die automatischen Abläufe folgen dem Leitbild.

Wenn Sie Ihre Wunsch- und Zielsetzungsübung, die Sie mit der Bildschirmtechnik ausführen, beenden wollen, lassen Sie zum Abschluß noch einmal für einige Sekunden den Blick über Ihren Entspannungsort schweifen, atmen Sie dann bewußt ruhig zum Beispiel Vertrauen ein, und beim Ausatmen lassen Sie Vertrauen durch Ihren ganzen Körper strömen. Nun zählen Sie sich langsam mit eins bis fünf wieder herauf. Sie können bei der Zahl drei unterbrechen und den Impuls in Ihrem Unbewußten verankern: «Gleich, bei der Zahl fünf werde ich meine Augen öffnen, hellwach sein, mich frisch und erholt fühlen. Ich bin voller Vertrauen in meine Zukunft.» (Dies können Sie behaupten, denn Sie setzen ja ganz gezielt geistig etwas ein, das Wirkungen erbringen wird, da alles aus dem Geistigen entsteht.) Achten Sie nun tagsüber hin und wieder darauf, daß Sie durch Ihre Gedanken und Vorstellungen Ihre jeweiligen Übungen unterstützen. Mit diesem Vorgehen setzt ein Entwicklungsprozeß ein, der Ihnen neue Dimensionen Ihrer Persönlichkeit aufzeigt. Sie werden die Vielzahl der potentiellen Möglichkeiten, die auf ihre physische Verwirklichung wartet, und die bisher ungenutzten geistigen Energien erahnen, die jetzt beginnen, in Ihr Bewußtsein zu strömen und Ihr Denken und Handeln inspirieren und bereichern.

Auch wenn Sie sich mit Hilfe Ihrer Bildschirmtechnik materielle Wünsche und Ziele programmieren, so machen Sie in jedem Fall eine geistig-seelische Entwicklung durch, da Sie zum Verwirklichen Ihrer materiellen Wünsche geistige Techniken einsetzen, die Wirkungen in Ihrem Unbewußten, Ihrem geistig-seelischen Bereich, erzeugen. – Mit dem 1 bis 5 Heraufzählen beenden Sie jede Übung, die Sie auf Ihrem Entspannungsort gemacht haben. –

Durch unser Training wecken Sie verborgene Persönlichkeitskräfte und beeinflussen unbewußte Vorgänge so, daß sie Ihren Zielen dienen.

Wie wertvoll eine zielstrebige Steuerung unbewußter Vorgänge sein kann, ist am besten an einem Beispiel zu erkennen: Wir haben Absichten, Ziele, Vorsätze... und oft wird nichts daraus, weil tiefsitzende Verhaltensmuster, Empfindungen, Hemmungen und Reaktionsweisen stärker sind. (Das «Unbewußte» hat seine eigenen Tendenzen; sie können uns helfen, wenn sie unseren Absichten entsprechen – und sie können uns blockieren, wenn unsere Absichten nicht ins vorhandene Muster passen.) Wer die unbewußten Tendenzen «überzeugen» und auf ein Ziel einstimmen kann, erreicht mehr mit weniger Willens-und Energieaufwand.

Ein «Fall» aus der Praxis zeigt, was innere Umstellung vermag: Manager Ypsilon mußte in seiner Abteilung gelegentlich eine Ansprache halten. Hemmungen und Komplexe machten ihm so zu schaffen, daß er vor und während jeder Ansprache eine wahre Leidenszeit erlebte. Nach unserem Kurs korrigierte er die «inneren Muster», und vierzehn Tage später waren die Ansprachen für ihn nicht mehr Anlaß zur Angst (vor einem Versagen) – sondern eine wunderbare Gelegenheit, seine Fähigkeiten zu demonstrieren. Er spricht seitdem sogar ohne Manuskript, weil er sicher ist, daß ihm die richtigen Gedanken kommen werden.

Manager Ypsilon benutzte für die Korrektur der inneren Muster die Kombination Spiegel- und Bildschirmtechnik.

Die Spiegeltechnik:
(Problemlösung und -überwindung)

Die Spiegeltechnik hilft, Probleme zu lösen. Wir gehen dabei nicht analytisch vor, denn es gibt Probleme, die längst ihre «Aufgaben» erfüllt haben.

Setzen Sie sich bequem hin. Füße nebeneinander, Hände locker im Schoß, nicht gekreuzt. Wenn möglich, sollte das Licht im Raum etwas abgedämpft sein, Schließen Sie die Augen, atmen Sie ruhig und gelassen ein und aus. Stellen Sie sich ein Bild vor, das Ihnen angenehm ist. Lassen Sie es ganz passiv auf sich wirken, zum Beispiel die untergehende rote Sonne – oder eine weiße Wolke, die langsam am blauen Himmel dahinzieht.

Denken Sie auch an die senkrechte Gerade, und konzentrieren Sie sich dabei auf die Worte «ICH BIN» – «ICH BIN ICH».

Zählen Sie sich jetzt langsam mit zwölf zu eins auf Ihren Entspannungsort. Stellen Sie sich dabei die Zahlen vor und fühlen Sie, wie Sie bei jeder absteigenden Zahl tiefer gehen, tiefer in sich hinein. Erinnern Sie sich, daß die Bedeutung des Wortes «tiefer» heißt, «tiefer vorzudringen in geistige Bereiche», also dabei immer wacher zu werden, das Unbewußte allmählich ins Bewußtsein zu heben; das Bewußtsein zu erweitern.

Nehmen Sie in Ihrem Ruhesessel Platz, ganz entspannt, betrachten Sie Ihren Entspannungsort; empfinden Sie seine Harmonie und den Frieden.

Schaffen Sie jetzt geistig einen großen Spiegel, der im Abstand von einigen Metern vor Ihnen steht. Er soll in seiner Größe anpassungsfähig sein, so daß Sie ganze Personen oder sogar ganze Szenen darin abbilden können. Der Spiegel soll einen Rahmen haben. Die Farbe des Rahmens ist blau. Blau bedeutet: kühle Ferne. Es kommt bei diesem Spiegel nicht auf die Spiegelbildlichkeit an (seitenverkehrt), sondern darauf, daß sich ein Problem spiegelt. In den blaugerahmten Spiegel kommt Ihr jeweiliges Problem. Machen Sie eine Problemstudie. Erfassen Sie einige Komponenten des Problems, mit allen negativen Gefühlen, die dabei entstehen.

Wenn Ihre Studie fertig ist, löschen Sie das Bild im Spiegel komplett aus – mit einem Lappen, mit einem Schlauch; was Ihnen als Löschmittel am geeignetsten erscheint. Den Auslöschvorgang stellen Sie sich ganz bewußt vor, und Sie empfinden, wie damit das Problem geistig zerstört wird. Sie entziehen ihm die geistige Kraft. Der Spiegel ist dann wieder frei.

Nun schaffen Sie ein Bild der Problemlösung und projizieren die Lösung, den ersehnten Endzustand, auf Ihren geistigen Bildschirm. Stellen Sie sich nie den Weg zur Problemlösung vor – es gibt viele Lösungswege – sondern stets das *Endresultat.* Konzentrieren Sie sich mit aller Energie und Hingabe auf dieses Bild der Lösung und fühlen Sie, wie Sie sich freuen werden, wenn dieses Bild Wirklichkeit wird. Verbinden Sie das ersehnte Endresultat immer mit der Freude, die Sie über die Lösung empfinden. Machen Sie das Bild lebendig mit allen frohen Empfindungen und Gedanken. Wenn es ein menschliches Problem ist: verzeihen Sie sich selbst und anderen – fühlen Sie wieder den Einklang, die Harmonie. Wer sich selbst verzeiht, kann auch anderen verzeihen.

Das Anwenden dieser Spiegeltechnik erzeugt umwälzende, tiefgreifende Wirkungen. Sie setzen Ihr Problem in den Spiegel. Haben Sie es nicht bildhaft vor sich, so schreiben Sie es – vielleicht mit einem dicken Filzstift – auf den Spiegel. Auf jeden Fall sind Sie mit Hilfe der Spiegeltechnik zu Ihrem Problem auf Distanz gegangen. Sie haben es vor sich, das heißt Sie haben sich geistig von ihm gelöst. Nun machen Sie eine Studie; sie erfassen einige Komponenten des Problems und löschen es mit aller Energie komplett aus. Durch diese geistige Aktivität entziehen Sie dem Problem die geistige Kraft. Sie schwächen es. Auch wenn es – wie das bei manchem passiert – sich wieder in den Spiegel hineindrängen will, entziehen Sie ihm unter Einsatz Ihres Willens und mit

Disziplin Ihre Aufmerksamkeit. Lenken Sie Ihr Bewußtsein konzentriert auf das Bild der Lösung, das Sie nach dem Löschungsakt auf Ihren geistigen Bildschirm projizieren. Investieren Sie in dieses Bild, in den ersehnten Endzustand, die Freude, die Sie empfinden werden, wenn dieses Bild Wirklichkeit wird.

Mit dieser Spiegeltechnik wenden Sie das hermetische Gesetz der Polarität an: (siehe mein Buch «Das OMEGA-TRAINING»...). Alles ist polar: schwarz – weiß; heiß – kalt; Liebe – Haß; hoch – tief usw. Zu jedem Problem gehört die Lösung. Nach dem Gesetz der Polarität ist die Lösung bereits vorhanden, wenn das Problem auftaucht. Es kommt jetzt nur auf das Bewußtsein an, ob es sich zur Lösung hinorientiert, öffnet, oder ob es sich auf das Problem konzentriert. Die Qualität strömt jeweils in Ihr Bewußtsein ein, für die es sich öffnet. Konzentrieren Sie sich vorwiegend auf Ihr Problem, so ist Ihr Bewußtsein erfüllt von bedrückenden, negativen Eindrükken, die inspirierend in der negativen Richtung wirken. Belastende Gedanken tauchen in Ihnen auf, die gerade dazu beitragen, das Problem zu erhalten. Wie Sie ja bereits wissen, hat jeder Gedanke magnetische Kraft und zieht immer das heran, was seiner Qualität entspricht: Sie haben zwei C- und eine F-Stimmgabel. Bringen Sie eine C-Stimmgabel in Schwingung, dann schwingt die andere mit, es ist eine Resonanz da – nicht so bei der F-Stimmgabel. Sie bleibt unberührt. Es besteht eine Dissonanz. Genauso ist es mit Ihren Gedanken und Vorstellungen: schalten Sie sich auf die Problem-Ebene ein, so befinden Sie sich auf der negativen Wellenlänge und erhalten eine negative Resonanz. Ihr Problem erfährt eine beständige Bestätigung – und dadurch erhält es sich am Leben. Es breitet sich aus. Das Problem kann so gewichtig werden, daß Ihr Bewußtsein immer mehr damit erfüllt wird und dadurch eine stetig stärker werdende Anziehungskraft für alles Negative erhält. Auf diesem Boden gedeiht Pessimismus, der das Leben überschattet. Es können Depressionen entstehen.

Durch ein solches Verhalten hat man sich auf einen Ausschnitt der Realität konzentriert: auf den negativen – mit allen bedrückenden Eindrücken, die diesem Ausschnitt zueigen sind, ohne dabei die universale Realität zu berücksichtigen, die alles beinhaltet, das Negative *und* das Positive.

Wenn man Realist sein will, ist es eine zwingende Notwendigkeit, sein Bewußtsein offen für alle Eindrücke zu halten. Sowohl das Negative als auch das Positive bewußt wahrnehmen zu wollen. Derjenige, der nur das Positive sehen will, orientiert sich ebenfalls einseitig. Wie kann man ausgleichend, verbessernd wirken, zur Entwicklung beitragen, wenn man nicht vom Negativen den Impuls zur Überwindung, zur Änderung, zur Verbesserung erhält?

Wenn Sie jedes Problem unter diesem Aspekt betrachten, erfahren Sie, daß wir alle unsere Schwächen und Schwierigkeiten brauchen, denn nur durch sie können wir uns entwickeln. Wäre alles in Perfektion, in Harmonie, gäbe es keine Schwierigkeiten, dann hätten wir eine Stagnation. Gerade die Probleme sind eine bedeutsame Hilfe zur Erkenntnis. Wenden wir die Erkenntnis an, erleben wir einen inneren Reifeprozeß, der uns neue Einblicke gewährt – unser Bewußtsein erweitert, das dadurch immer fähiger wird, mehr von der universalen Realität wahrzunehmen. Mit dem größeren Wahrnehmungsvermögen erhält der Mensch neue Eindrücke, seine Wertmaßstäbe ändern sich. Er wird schöpferisch in Richtung dieser neuen Impulse, macht neue Entdeckungen; enthüllt das seinem engen Bewußtsein bisher Verborgene. Die Entwicklung findet immer statt. Nichts steht still. Alles ist in ständiger Vibration (siehe mein Buch «Das OMEGA-TRAINING» das «dritte Gesetz der Vibration»). Alles wandelt sich beständig. Dies entspricht dem geistigen Gesetz.

Nur der unwissende Mensch kann seinem Bewußtsein erlauben, sich einzuengen auf einen Realitätsausschnitt, z. B. auf den negativen, auf ein Problem. Nur die Unwissenheit vermag dem Bewußtsein Bremsen anzulegen, daß es unfähig zur Wandlung wird, sich nicht ausdehnen kann, um wahrhaft realitätsbewußt zu werden – eben auch alles Schöne, Erhabene, alle Güte und Liebe aufzunehmen.

Es liegt in der Freiheit des Menschen, an der Entwicklung teilzunehmen oder zurückzubleiben. Wer stehenbleibt, wer sich starr in der Enge seiner momentanen Bewußtseins-Grenzen aufhält, der erfährt auf jeden Fall Leid. Denn gemäß den geistigen Gesetzen «der Polarität», «des Rhythmus» und «der Vibration» lebt und wirkt in *allem* der Impuls zur beständigen Veränderung. Der Mensch, der sein Bewußtsein unter dem Druck hält, sich in der Enge eines Realitätsausschnittes aufzuhalten, der seinem Bewußtsein keine Offenheit und Flexibilität, keine Bereitschaft zum Aufnehmen anderer Denkinhalte erlaubt, dieser Mensch vermittelt seiner Seele durch sein starres, enges Bewußtsein bedrückende Denkinhalte, welche die Seele in Ketten legt. Sie wird an ihrer Expansion gehindert. Sie gerät in eine Depression; Schwierigkeiten, Leid, tauchen auf. Solange der Mensch sich diesen Zustand erhält, ist er unfähig, Freude und Glück zu empfinden, denn er hat sein Bewußtsein nicht auf diese Wellenlänge eingestellt. Erst wenn er – oft durch die Motivation des Leides – beginnt, nach neuen Denkinhalten Ausschau zu halten, die ihm helfen, sich aus seiner Enge zu befreien, die ihm Offenheit und Toleranz vermitteln, dann kann sein sich öffnendes Bewußtsein auch die positiven Aspekte aufnehmen. Der Mensch erlebt damit die gesetzmäßige Wandlung. Erleichterung, Freude, schöpferische Ideen und positive Erlebnisse bereichern nun sein Leben.

Hierzu verhilft Ihnen die Spiegeltechnik. Ihr jeweiliges Problem dürfen Sie nur einmal löschen. Wann immer Sie nach dem Löschungsakt wieder an Ihr Problem erinnert werden, richten Sie Ihre ganze Konzentration unter Einsatz Ihres Willens auf die Lösung, den ersehnten Endzustand. Sie richten Ihr Bewußtsein auf die Lösung und nicht mehr auf das Problem. Damit fängt Ihr Bewußtsein Ideen auf, die zur Lösung führen. Ihr Bewußtsein erweitert sich, und Sie erleben einen Entwicklungsprozeß, der Ihre Persönlichkeit bereichert. Nach wie vor setzen Sie sich mit Ihrem Problem auseinander. Nur jetzt konstruktiv, von der Seite der Lösung her. Würden Sie sich – wie dies die meisten Menschen tun – vorwiegend auf Ihr Problem konzentrieren, dann ist Ihr Bewußtsein auf diese Problem-Wellenlänge eingestellt und zieht aus dieser Ebene Ideen heran, die das Problem verstärken.

Alles entsteht aus der Idee. Die Ideen, die Vorstellungen, die Sie treu und beständig hegen, fließen in Ihre Absichten und Aktivitäten bis zur physischen Verwirklichung. In den äußeren Situationen treffen Sie immer Ihre innere Einstellung, Ihre geistig-seelischen Aktivitäten wieder.

Eine Architektin aus Genf schrieb mir, daß sie ihr Leben lang unter latenten Depressionen gelitten hätte. Niemand hätte ihr zur Überwindung der Depression helfen können. Dann wäre sie in meinen Kurs gekommen. Bereits mehr als ein Jahr wäre jetzt vergangen und sie müßte mir mitteilen: «daß aus einer hundertprozentigen Pessimistin eine absolute Optimistin geworden wäre – und dies mit 63 Jahren.» Depressionen kenne sie nicht mehr. Sie schrieb, daß sie bereits im Kurs, als jeder eines seiner Probleme (über das er nicht sprechen muß, jeder übt still für sich) mit der Spiegeltechnik löschen mußte, ihre Depressionen in den Spiegel gesetzt hatte. Sie hat versucht, einige Komponenten des Problems zu erfassen in bildhafter Vorstellung. Die Aspekte, die sie sich nicht in Form von Bildern vorstellen konnte, hat sie mit einem Filzstift auf den Spiegel geschrieben. Dann löschte sie ihr Problem im Spiegel komplett mit einem Lappen aus. Den ersehnten Endzustand, nämlich Gelassenheit, Unbeschwertheit, Heiterkeit und Vertrauen hat sie auf ihren geistigen Bildschirm projiziert. Sie schrieb mir, daß sie sich verschiedene Szenen vorgestellt hätte, z. B. unterhielt sie sich mit einem Freund, dem sie ganz freudestrahlend berichtete, wie gelöst und fröhlich sie jetzt wäre, wie sie die andere, positive Seite aller Dinge entdeckt hätte. Diese Architektin aus Genf hat die Übung richtig ausgeführt, denn – wie sie sagte – hat sie auf sich aufgepaßt, daß sie auch tagsüber mit ihren Gedanken und Vorstellungen ihre Bilder auf dem Bildschirm unterstützte. Nach etwa zwei Monaten spürte sie bereits eine merkliche Verbesserung, die sich im Laufe der Zeit noch verstärkt hat. Und heute ist sie eine Optimistin. Sie hat sich eine neue, erfreulichere Perspektive des Lebens erarbeitet.

Ebenfalls seine schwere Depression überwunden hat ein Zürcher Journalist. Seine Frau erzählte mir über die schwere Zeit ihres Mannes, als sie zu mir in die Beratungsstunde wegen ihrer Tochter kam. Ihr Mann war acht Monate lang wegen seiner schweren Depressionen in einer Klinik. Die Ärzte waren hilflos. Schließlich hatten sie ihm empfohlen, Alkohol zu trinken, damit er seinen Zustand für eine Weile vergessen könne. Das war dann der ausschlaggebende Moment, wo seine Frau ihn nach Hause holte. Kurze Zeit später ist sie mit ihm zu mir in den Kurs gekommen. Da ich nie nach den Beweggründen frage – jeder wird von mir ausgebildet, selbständig, völlig unabhängig von mir, die Techniken einzusetzen – wußte ich auch nichts von der Depression dieses Mannes. Es ist sehr wesentlich, daß jeder selbst seine Probleme lösen kann, auf keinen Fall in Abhängigkeit zu einem Menschen gerät. Damit würde sein Selbstbewußtsein und -vertrauen geschwächt.

Seine Frau berichtete mir, daß ihr Mann nach dem Kurs mit Hingabe sogar mehrmals am Tag mit seiner Bildschirmtechnik gearbeitet hat, nachdem er bereits im Kurs seinen depressiven Zustand mit der Spiegeltechnik gelöscht hatte. Ihm leuchtete sofort ein, daß die Konzentration auf einen gegebenen Zustand – oder auf eine Situation – verstärkend wirkt. Dies gilt natürlich sowohl für positive als auch negative Gegebenheiten. Er konzentrierte sich ganz auf seinen ersehnten Zustand, sein Wunschbild auf seinem geistigen Bildschirm. Mit aller Hingabe. Er wollte seinen Zustand überwinden. Dies war vor drei Jahren, erzählte mir seine Frau. Seit damals, als er mit der Spiegel-/Bildschirmtechnik und der Umstellung seiner Gedanken zum Positiven hin begonnen hatte, setzte ein Prozeß ein, der ihn ganz erstaunlich umwandelte. «Er ist seitdem niemals wieder in eine Depression gefallen. Unsere ganze Familie hat an ihm eine Stütze durch sein heiteres Wesen, das er sich selbst erarbeitet hat. Keinen Tag läßt er aus, ohne für etwa 15 Minuten seine Übungen zu machen», erzählte mir seine Frau. Beruflich ist es außerdem bergauf gegangen, da er ganz andere Ideen und auch ein anderes, selbstbewußteres Auftreten hat.

Andere Kursteilnehmer haben die Spiegeltechnik für ihre Examensängste oder Ängste anderer Art eingesetzt und Vertrauen in ihre Fähigkeiten, wie in ein gutes Selbstbewußtsein auf ihren Bildschirm projiziert. Ein achtzehnjähriger Knabe aus Lugano sagte mir, daß er seit dem Anwenden der Technik sowie einer Gedanken-Disziplin vollkommen befreit ist von seinen Schweißausbrüchen beim Examen und dem Gefühl einer totalen Blockade, die er immer bei Examensarbeiten fühlte.

Auch bei Schwierigkeiten im zwischenmenschlichen Bereich ist mit viel Erfolg die Spiegeltechnik eingesetzt worden.

Nach einem Vortrag, den ich in Zürich gehalten hatte, trat ein ehemaliger Kursteilnehmer von mir ans Rednerpult und erzählte den Zuhörern, was er durch die Spiegeltechnik erlebt hatte. Er leitet ein kleines Unternehmen in Genf. Mit zwei seiner fachlich besten Mitarbeitern stand er seit längerer Zeit in einem sehr gespannten Verhältnis, das ihn außerordentlich bedrückte. Nach dem Erlernen der Spiegeltechnik setzte er das störende Mißverhältnis zu diesen beiden Mitarbeitern in den Spiegel. Er stellte sich bildhaft die emotionsgeladenen Auseinandersetzungen vor. Danach schrieb er diese unangenehme Situation auf den Spiegel und löschte das Geschriebene komplett aus. Nie sollte man die Gestalt eines Menschen löschen. Darum formuliert man das Belastende schriftlich. Seine ganze Konzentration wandte er dann auf den ersehnten Endzustand, nämlich auf ein verständnisvolles, freundschaftliches Miteinander, das er sich bildhaft auf seinem Bildschirm vorstellte. Jeden Tag wieder – drei Monate lang. Auch tagsüber richtete er diszipliniert mit seinem ganzen Willen seine Gedanken auf dieses Bild. Dann trat die Wendung ein. Heute arbeiten sie in einem wahrhaft freundschaftlichen Verhältnis miteinander. Der Einsatz dieser beiden Mitarbeiter ist so engagiert, wie er selbst nicht in den noch «guten Zeiten» war. Geändert hatten sich die Mitarbeiter jedoch durch die Wandlung ihres Chefs. Und so war es. Er selbst hat sich mit der Unterstützung der Spiegel-/Bildschirmtechnik und einer dazu parallel verlaufenden gedanklichen Umstellung zum Positiven verändert und erlebte nun die Resonanz.

Sie sehen also: nur durch die Änderung seines eigenen inneren und äußeren Verhaltens ändern sich automatisch die äußeren Gegebenheiten. Immer befinden Sie sich in der Situation, die Ihnen auch entspricht. Nie sind Sie in einer anderen. Darum tadeln Sie nicht einen anderen Menschen, beobachten und ändern Sie sich selbst – dann fällt im Laufe der Zeit alles von Ihnen ab, was nun nicht mehr zu Ihnen paßt.

Immer gestalten Sie sich selbst Ihre zukünftigen Ereignisse, ganz besonders auch durch Ihre bewußten und unbewußten Erwartungen.

Erwartungen ziehen erwartungsgemäße Ereignisse heran: Gesundheit, Alter, positives Selbstbild

Nehmen Sie sich ein Stück Papier. Machen Sie sich Ihre unbewußten Erwartungen bewußt, z.B. in bezug auf: Gesundheit, Alter, Freunde, Beruf, Wohlstand. Notieren Sie sich, was Sie für Erwartungen in diesen Bereichen hegen. Denn immer werden Sie automatisch über das Unbewußte in Richtung Ihrer Erwartungen gezogen. Die Erwartungen sind die Wege, auf denen Sie sicher gehen und all dem begegnen, was Ihren Erwartungen entspricht. Sie können nichts anderem begegnen! Denn was außerhalb Ihrer Erwartungen liegt, entzieht sich Ihrem Wahrnehmungsvermögen, da Ihr Bewußtsein eingeengt ist auf diesen einen auserwählten Ausschnitt der Realität. Ihre Erlebnisse verlaufen immer gemäß Ihren Erwartungen. Dadurch erhalten Sie eine ständige Bestätigung für die Richtigkeit Ihrer Erwartung. Das unterstützt Sie. Es verstärkt Ihre innere Einstellung. Ein Teufelskreis, den Sie – bei einer negativen Erwartungshaltung – nur durchbrechen können, wenn Sie Ihr Bewußtsein öffnen, sich um andere Gedanken, um positivere Einstellungen und Erwartungen bemühen. Dann finden Sie neue Wege, und auf diesen neuen Wegen erleben Sie wiederum die Bestätigung für Ihre innere Überzeugung. Jeder schafft sich seine subjektive Welt gemäß dem erwählten Realitäts-Ausschnitt. Alles, was Sie sich geistig vorstellen, ist eine geistige Realität, die auf ihre physische Verwirklichung harrt.

Was haben Sie notiert im Hinblick auf Ihre Gesundheit? Viele Menschen haben heute die Überzeugung, daß das tägliche Leben, die Umwelt, eher krank- als gesundmachende Elemente enthält. Glauben Sie dies auch?

Wenn Sie überzeugt sind, oder es für möglich halten, daß die heutige Umwelt eher dazu angetan ist, krank als gesund zu machen, dann werden Sie durch diese geistige Haltung anfällig, Sie schwächen sich, Sie werden krank. Wenn Sie statt dessen an die großartige Macht Ihres Geistes denken, der alles bewirkt hat und bewirkt und sich mit Hilfe Ihres Geistes Gesundheit vorstellen – insgesamt oder in einzelnen gewünschten Bereichen – so wirkt diese Einstellung aufbauend, kräftigend – sie trägt zur Gesundheit bei. Viele aufgeschlossene Mediziner vermitteln heute ihren Patienten die Macht der positiven Einstellung.

Dies bedeutet ganz und gar nicht, die gesundheitlich belastenden Elemente zu ignorieren. Jedoch kann eine angstvolle Konzentration hierauf eine negative Erwartungshaltung bewirken. Eine unbewußte Öffnung zur Krankheit ist gegeben. Gerade dann, wenn negative Aspekte in den verschiedenen Bereichen sichtbar werden – z.B. durch Forschungsergebnisse – ist die Forderung nach einer konstruktiven, positiven Geisteshaltung am stärksten. Einen gegebenen Zustand, der ja auch nur das Resultat geistiger Prozesse ist, können wir durch eine Änderung der Geisteshaltung wandeln.

Wir unterhielten uns vor einigen Jahren mit einem Herrn, der uns erzählte, daß er jeden Morgen, um zu seiner Firma zu gelangen, durch eine Ortschaft bei New York fahren muß, in der eine chemische Fabrik ist. Er litt jahrelang unter ständigen Schleimhautreizungen durch die chemischen Bestandteile in der Luft. Eines Tages las er einen Artikel, daß man immer neue Vernichtungsmittel für Insekten erfinden müsse, weil sie nach einiger Zeit resistent dagegen würden. Ihm kam eine Idee: wenn die Insekten resistent werden gegen das Gift, warum dann nicht auch ich! So machte er sich ein Programm. Er stellte sich einen starken Organismus vor, dem die chemischen Bestandteile nichts mehr ausmachen. Er ist völlig immun dagegen. Tag für Tag – immer wenn er durch diese Ortschaft fuhr – arbeitete er an diesem geistigen Programm. Nach etwa einem halben Jahr verspürte er eine deutliche Wirkung. Die Schleimhautreizungen, die ihn jahrelang geplagt hatten, ließen nach. Inzwischen sind sie ganz verschwunden. Dies war schon vor «sechs Jahren», berichtete er uns. Er ist vollkommen überzeugt, daß seine innere geistige Umstellung, an der er intensiv ein halbes Jahr lang arbeitete, seine Heilung bewirkt hat.

Als ich vor einigen Jahren zu einem weiterbildenden Kurs bei Prof. Erickson in Arizona war, unterhielt ich mich mit einem Seminarteilnehmer. Er ist Arzt und hatte acht Jahre zuvor Krebs mit Metastasenbildung gehabt. Er war verzweifelt und wollte leben. Auf seiner Suche nach hilfreichen Methoden fand er in San Francisco einen Arzt, mit dessen Hilfe er lernte, sich zu entspannen und sich in diesem Zustand «einen schönen Ort» (Entspannungsort) vorzustellen. Von hier aus sollte er sich eine Vorstellung von seiner Krankheit machen und diese Vorstellung korrigieren (Spiegeltechnik), sich gesund sehen und erleben; mehrmals am Tag für etwa 15 Minuten sich in dieses gesunde Bild einleben.

Er erzählte mir, daß sich sein Zustand im Laufe der Monate sichtbar verbesserte und er schließlich ganz gesund wurde. «Mir ist klar, daß es die geistigen Methoden waren, die meinen Körperzellen beständig – jeden Tag aufs Neue – durch meine Vorstellungen und – wenn es mir gelang – auch durch mein Gefühl ein Bild der Gesundheit vermittelten», sagte er mir.

Die psychosomatische Medizin stellt fest, daß der größte Teil aller körperlichen Störungen psychisch bedingt ist und jeder Arzt weiß, welchen Anteil das Geistes- und Seelenleben am körperlichen Geschehen hat. Depression, Angst, Enttäuschung können auf längere Sicht zu ernsthaften Schäden führen – Optimismus, Zuversicht, Freude, Begeisterung wirken heilend. Es ist allgemein bekannt, daß Kummer Magengeschwüre verursachen kann und daß die Geschwüre verschwinden, wenn sich die Situation positiv verändert.

Das FRIEBE-ALPHA-TRAINING nutzt den starken Einfluß von Geistes- und Seelenkräften gezielt für körperliche Wirkungen. Sie erreichen ein präziseres Steuern von Verhaltensautomatismen durch Einprägung von Leitbildern.

Stellen Sie sich vor, daß Ihre Körperzellen eine Art Bewußtsein haben. Sie können mit den Zellen kommunizieren – bewußt. Unbewußt tun Sie dies bereits beständig durch Ihre z.B. angstvollen Gedanken, Einbildungen, auch durch Ihre vielleicht negativen Erwartungen. Die Zellen empfangen diese geistigen Impulse. Jedoch erst nach einiger Zeit, wenn durch eine ständige gleichartige innere Geisteshaltung in dauernder Wiederholung sich den Zellen ein bestimmtes Bild eingeprägt hat, spiegeln sie dieses Bild wider, was Sie – «gemäß Ihren Erwartungen und Vorstellungen» – als Gesundheit oder Krankheit erleben.

Man hat in der Hypnose einem Mann einen Bleistift in die Hand gegeben und ihm gesagt: «Du hast ein glühendes Stück Eisen in der Hand, glühendes Eisen…!» Er ließ den Bleistift fallen, und es entstanden an den Berührungsstellen der Finger Brandblasen. Das Unterbewußtsein, dem man das Bild des glühenden Stück Eisens eingegeben hat, «informiert» die Zellen des Organismus, der entsprechend reagiert: Brandblasen entstehen. Die Vorstellung ruft die Brandblasen hervor. Vorstellung bedeutet «geistige Kraft».

Mit dieser geistigen Kraft sollen Sie bewußt umgehen können. Darum ist es von ganz entscheidender Bedeutung, daß Sie Ihre Erwartungen unter Kontrolle bekommen und sie willentlich in die gewünschte positive Richtung lenken. Beständig, mit Ausdauer. Sicher, dies erfordert einen Einsatz, eine Disziplin von Ihnen. Doch bedenken Sie immer, was Sie dadurch erreichen können: Gesundheit, Gelassenheit, Heiterkeit, Erfolg im persönlichen und beruflichen Bereich, ein erfülltes Leben. Dafür lohnt sich der Einsatz!

Achten Sie also auf Ihre Gedanken, auf Ihre Erwartungen. Was ich als Beispiele für die Gesundheit angeführt habe, gilt natürlich für alle anderen Bereiche ebenso.

Dehnen Sie Ihren Test aus: was erwarten Sie vom Alter? Stellen Sie eine negative Erwartungshaltung an sich fest, verbinden Sie Alter mit Krankheit, mit Einsamkeit, dann wissen Sie inzwischen, daß die Kraft Ihrer geistigen Vorstellung Sie getreu in die Richtung der erwarteten Bilder führt. Ändern Sie Ihre Erwartung. Sie wirken dadurch bewußt gestaltend an Ihrer «Parallelspur zum Schicksal». Sie werden Ihr Alter gesund und in Freude genießen.

Vor allem arbeiten Sie auch an Ihrem Selbstbild. Denken Sie dabei öfter an Ihre «multidimensionale Persönlichkeit». In jedem liegen unendlich viele verborgene Kräfte und Fähigkeiten. Jeder ist eine einzigartige, mit keinem anderen vergleichbare Individualität. Entfalten Sie Ihre Persönlichkeit. Sie erreichen dies, indem Sie sich von negativen Erwartungen lösen und sich immer wieder in ein strahlendes Selbstbildnis vertiefen. Lassen Sie sich nicht von dem momentanen Zustand beeindrukken. Stellen Sie sich vor, was und wie Sie sein möchten. Immer wieder. Nur der beständige Einsatz bringt den gewünschten Erfolg. Manche beginnen mit Eifer und Überzeugung und lassen nach einiger Zeit in ihrem Bemühen nach, weil der Erfolg noch nicht sichtbar ist. Sie sehen nicht die Knospen ihrer geistigen Bemühungen und erahnen nicht die wunderbaren Blüten, die daraus entstehen. So lassen sie die Knospen wieder eingehen durch das Nachlassen ihrer Bemühungen.

Das neue, positive Programm, welches Sie Ihrem Unterbewußtsein eingeben, bewirkt zuerst eine Umstrukturierung bisheriger unbewußter Abläufe, bis dann das neue, gewünschte Bild seine Wirkung entfalten kann. Darum ist Ihr beständiger, wiederholter Einsatz so lange vonnöten, bis Sie die ersehnte Situation erleben.

Kollektives Unbewußtes

Das positive Programm, welches Sie bewußt Ihrem Unbewußten eingeben, entfaltet nicht nur seine Wirkung auf Sie selbst und Ihre Umweltgegebenheiten, sondern es beeindruckt über das «kollektive Unbewußte» auch andere Menschen, die auf Ihrer geistigen Wellenlänge liegen.

Für die unbewußten Umweltbeziehungen zwischen den Individuen gibt C.G. Jung ein treffendes Bild, an das ich hier frei anknüpfe. Es veranschaulicht auch die neueren Erkenntnisse über Kommunikationsvorgänge. Stellen Sie sich die Einzelmenschen als Kegel vor, die mit der Spitze nach oben im Wasser schwimmen. Der weit größere, dicke Teil liegt unter Wasser und ist nicht zu erkennen (das Unbewußte). Nur die Spitze ragt aus dem Wasser hervor (das Bewußte). Jeder einzelne erkennt von sich selbst nur die Spitze – und sieht auch nur die aus dem Wasser ragenden Spitzen der Mitmenschen. So hat jeder den Eindruck, von den anderen völlig getrennt zu sein. Er merkt gar nicht, daß er mit seinen tieferen Wesensbestandteilen in einem gemeinsamen Element mit den anderen Individuen steckt. Und in diesem gemeinsamen Element (dem «Wasser») gelten spezielle Gesetze, die auf jeden wirken, der darin steckt. Dadurch ergeben sich gewisse kollektive Eigenarten (Ähnlichkeiten der unbewußten Prozesse, teils kulturell bedingt, teils allgemein-menschlich). Außerdem zeigen Erfahrungen auf vielen Gebieten der Psychologie und Parapsychologie, daß im Rahmen unbewußter Gemeinsamkeiten eine Art «Resonanz» (Wechselbeziehung) stattfindet, die zu Kontakt und Austausch zwischen den Individuen führt. Hierzu gehören die heute bewiesenen Phänomene der Gedanken- und Gefühlsübertragung (Telepathie).

(Günter Friebe)

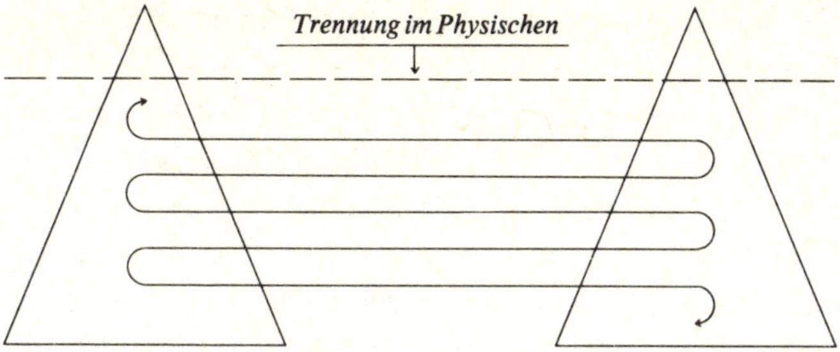

Die Trennung wird im geistig-seelischen Bereich aufgehoben. Hier besteht eine ständige Kommunikation zwischen allen Menschen über das Kollektive Unbewußte.

Über das kollektive Unbewußte besteht eine ständige Kommunikation zwischen den Menschen. Jeder ist angeschlossen an ein Ganzes, von dem Wirkungen auf ihn ausgehen. Und jeder wirkt selbst auf dieses Ganze. So sind wir zwar äußerlich, im Physischen, voneinander getrennt, nicht jedoch im geistig-seelischen, im unbewußten Bereich. Hier finden wir unsere Gemeinsamkeit, unsere geistige Brüderlichkeit. Darum schaden wir uns auch selbst zutiefst, wir leiden, wenn wir einen anderen hassen oder ihm in Gedanken und Taten Leid zufügen. Rolling Thunder, ein amerikanischer indianischer Philosoph und Medizinmann der Cherokee- und Shoshone-Stämme sagt: «Wenn Du Schwierigkeiten mit jemandem hast und Du haßt ihn und denkst: – ich wünschte, er würde sterben und verschwinden –, so arbeitest Du geradezu gegen Dich selbst. Deine Gedanken, die Du gegen ihn richtest, wirken unmittelbar gegen Dich selbst. Du bereitest Deinem eigenen Herzen Schmerzen. Der andere kann Dich in keiner Weise beeinträchtigen (wenn man sich nicht auf seine negative geistige Wellenlänge einschaltet), aber wenn Du ihn haßt, schadest du

Dir mit Deinen eigenen schlechten Gedanken und Gefühlen.»

Hat ein Mensch eine bestimmte Idee oder eine bestimmte innere Einstellung, so hat er automatisch Kontakt über das kollektive Unbewußte zu Menschen, die seinen Ideen und Einstellungen entsprechen. Was Sie gedanklich aussenden, das sprechen Sie im anderen an und das kommt qualitativ zu Ihnen zurück. Ist ein Mensch ein Pessimist, so ist er über das kollektive Unbewußte automatisch angeschlossen an Menschen, die seiner inneren negativen Einstellung entsprechen. Er verstärkt in den anderen ihre pessimistische Einstellung, dies strömt zu ihm zurück und unterstützt seine geistige Haltung. Stellen Sie sich noch einmal das Stimmgabel-Beispiel vor: Sie haben zwei C- und eine F-Stimmgabel. Sie bringen die eine C-Stimmgabel zum Schwingen – und die andere schwingt mit. Es ist eine Resonanz da. Nicht so zur F-Stimmgabel. Sie bleibt unberührt. Immer ziehen Sie sich durch Ihre innere Einstellung zu den Menschen hin, die eine ähnliche gedankliche Haltung haben. Es ist eine Resonanz gegeben. Da jede innere Einstellung, jede geistige Vorstellung – besonders wenn sie oft genug wiederholt werden – nach Verwirklichung streben, erlebt jeder Mensch die Situation, die er selbst – zumeist unbewußt – herbeigeführt hat. So erleben Sie in den äußeren Situationen immer Ihre gedankliche Einstellung wieder. Und die Menschen, zu denen Sie sich über das kollektive Unbewußte hinziehen, stehen ebenfalls jeweils in der ihnen gemäßen Situation, in die Sie dann gleichfalls mit hineinkommen. *Alles* entspringt von innen nach außen. Es ist niemals umgekehrt. Alles entsteht aus dem Bewußtsein.

Erziehen Sie sich dahin, Ihr Bewußtsein auch auf die

positiven Aspekte der Realität zu richten, so erlernen Sie einerseits die Fähigkeit, das Positive wahrzunehmen, mit allen situationsgemäßen Erlebnissen. Andererseits kommen Sie über das kollektive Unbewußte automatisch in Kontakt mit den Menschen, die auf der optimistischen Wellenlänge liegen und ebenfalls in ihnen gemäßen positiven Umweltgegebenheiten stehen, die sie sich selbst geschaffen haben, mit denen nun auch Sie in Berührung kommen.

Manipulation – Freiheit

Darum sollten Sie auch allmählich unter bewußte Kontrolle bekommen, welche Gedankengänge anderer Menschen Sie in sich aufnehmen wollen und von welchen Sie sich distanzieren möchten. Spricht jemand herabziehend, negativ über andere Menschen und Situationen, so übernehmen Sie nicht einfach sein Weltbild. Machen Sie sich bewußt, daß dieser Mensch sich den negativen Realitäts-Ausschnitt auserwählt hat. Da er nach den geistigen Gesetzmäßigkeiten alles Negative zu sich heranzieht – er hat sich zur Zeit unfähig gemacht, das Positive wahrzunehmen – besitzt er einen reichen Erfahrungsschatz von allen negativen Begebenheiten. Entsprechend ist auch seine Erwartungshaltung für zukünftige Geschehnisse, an denen er auf geistige Weise selbst mitgestaltend wirkt und sie dann auch erleben wird.

Lassen Sie sich nie von einem solchen Menschen veranlassen, seine Einstellung zu übernehmen. Dann ziehen Sie sich herab auf seine negative Wellenlänge und tauchen damit in seinen Erlebnisbereich ein. Machen Sie sich stattdessen immer wieder bewußt, daß solche Menschen ganz offensichtlich keine Ahnung von der machtvollen Verwirklichungskraft der inneren Einstellung haben. Dies erzeugt in Ihnen ein Verständnis für den anderen, und das könnte sogar ein gewisses Wohlwollen nach sich ziehen. Es wäre eine große Hilfe für Sie selbst und für den anderen, wenn Sie mit einer verständnisvollen, wohlwollenden inneren Haltung, aber mit Bestimmtheit ihm erklären, daß Sie sein negatives Weltbild zwar auch wahrnehmen können, sich aber entschieden haben, *zugunsten der Realität* auch die vorhandenen positiven Werte zu erkennen und Ihre Aufmerksamkeit darauf zu richten, Ihre Energie dafür einzusetzen. Lassen Sie den anderen nie im unklaren über Ihre geistige Haltung und Ihre Absicht. Handeln Sie dann auch danach. Dadurch sind Sie allmählich von guten Freunden umgeben. Die Menschen mit einer negativen Einstellung suchen nicht den Kontakt zu Ihnen, *denn sie finden keine Resonanz*.

Wenn Sie in dieser Weise vorgehen, entwickelt sich in Ihrer Seele eine Kraft, die ungewünschte Einflüsse nicht mehr entgegennimmt. Allmählich reifen Sie zu einer Persönlichkeit heran, die immer weniger manipulierbar ist. Sie werden innerlich freier. Dies setzt voraus, daß Sie sich auch nicht von Ihren eigenen momentanen Stimmungen und Vorstellungen manipulieren lassen, sondern sich immer bewußt machen, daß sich alles ändert, wenn Sie die Änderung durch Konzentration auf Gewünschtes zulassen. Der Wille zur Änderung und der tatkräftige innere und äußere Einsatz bewirken schließlich die ersehnte Wandlung.

Erleben Sie sich selbst, Ihre Mitmenschen und Ihre Umwelt bewußt, nicht in einer herabziehend kritisierenden Haltung. Sie wissen inzwischen, daß alle Schwächen und Mißstände notwendig sind, weil wir nur durch sie reifen und wachsen können, wenn wir mit einer konstruktiven Einstellung den Schwächen begegnen, nicht resignierend, sondern innerlich und äußerlich positiv verändernd und gestaltend wirken.

Das bewußte Wahrnehmen Ihrer eigenen Gedanken, Absichten und Erwartungen wie auch die der anderen gibt Ihnen die Möglichkeit, sich nicht von diesen inneren Einstellungen manipulieren zu lassen und dadurch unliebsame Folgen ertragen zu müssen, sondern bewußt steuernd einzugreifen, indem Sie willentlich an eigenen, gewünschten inneren Vorstellungen und äußeren Handlungen festhalten mit dem Wissen, daß immer das Innere das Äußere gestaltet.

Durch ein solches Verhalten werden Sie automatisch immer selbstbewußter, was Ihnen die Kraft gibt, sich von nicht gewünschten Einflüssen klar zu distanzieren. Je klarer und eindeutiger Sie sich in dieser Richtung verhalten, desto intensiver spüren andere Ihre innere Haltung. Da die meisten Menschen kaum ein Wissen von der geistigen Kraft der Gedanken haben und darüber hinaus wenig Ich-bewußten Willen aufweisen, sind sie durch Ihre klare, starke Haltung (die jedoch stets wohlwollend sein sollte) beeindruckt. Sie gewinnen an Einfluß. Im besten Sinne.

Ein Student fragte mich einmal, ob dies nicht auch Manipulation sei. «Was ist überhaupt Manipulation?», fragte ich ihn. Kurz gesagt: Manipulation heißt, sich nicht gewünschten Einflüssen gegenüber zu öffnen, sie in sich aufzunehmen und schließlich sogar zum Bestandteil seines eigenen Wesens zu machen. Alle Eindrücke verändern Sie. Es liegt in Ihrer freien Entscheidung, welchen Einflüssen Sie sich bewußt öffnen – das ist dann innere Freiheit – oder welche Einflüsse Sie unbeobachtet, unkontrolliert und daher unbewußt in sich einfließen lassen, dies bedeutet innere Unfreiheit. Sie werden manipuliert durch unkontrollierte Vorgänge. Alles wirkt beeindruckend, nicht nur unsere eigenen inneren Einstellungen und die Äußerungen der anderen, sondern auch alle Formen, Farben, Töne usw. Es kommt darauf an, zu erkennen, daß alles stimulierend wirkt (positiv oder negativ) und durch Erkenntnis bewußt zu entscheiden, wie Sie die Eindrücke mit Hilfe Ihrer gedanklichen Vorstellungskraft verarbeiten wollen.

Alles innere und äußere Geschehen wird durch das ICH eines jeden wahrgenommen. Das ICH, das zum Denken befähigt. Wie verarbeiten Sie bewußt denkend die verschiedenen Eindrücke? Darauf kommt es ganz entschieden an. «Alles im Grunde, was in unser Bewußtsein eintritt, tritt durch unser ICH in unser Bewußtsein ein... Das ICH ist dasjenige, was uns mit unserer Umgebung verbindet.» (Rudolf Steiner) «Bewußtsein ist alles», sagt ein Weiser. Wenn Sie sich also bewußt gewünschten Einflüssen gegenüber öffnen und sich von den nicht gewünschten distanzieren oder – falls dies momentan nicht möglich ist – den negativen Aspekten denkend in sich ein positives geistiges Bild entgegensetzen, dann werden Sie tatsächlich innerlich immer freier, weniger manipulierbar. Sie werden eine starke, Ich-bewußte Persönlichkeit, die im besten Sinne auf die Umwelt wirkt. Dies erfordert jedoch aktiven Einsatz von Ihnen. Der Lohn ist, in innerer Freiheit, Zufriedenheit und Freude das Steuer seines Lebensschiffes selbst fest in der Hand zu haben und durch alle Wogen des Lebens sein Schiff in die gewünschte Richtung zu lenken. Die meisten Menschen sind zu bequem, sie überlassen lieber anderen Menschen und Einflüssen ihr Steuer, so daß sie hierhin und dorthin gelenkt werden, wie es den Launen und Absichten anderer entspricht. So können Führerpersönlichkeiten gedeihen, die mit ihrem starken Willen für andere bequeme, schwache Personen, die sich der Würde und Stärke ihres hohen geistigen ICH's nicht bewußt sind, das Ruder übernehmen. Diese Führerpersönlichkeiten - ob in Familien, im Betrieb oder im Staat - wirken nach ihrem Willen bestimmend auf die Geschicke anderer ein. Sehen Sie, wohin eine geistige Bequemlichkeit führen kann!

Wahre Führungspersönlichkeiten sind zugleich Vorbilder für andere. Ihre Gedanken und Handlungen sind wegweisend. Sie wirken im besten Sinne bildend auf Geist und Seele ein. Unter einer solchen Führung können die Menschen ihre geistig-seelischen Qualitäten entfalten. Hier ist kein Druck und Zwang notwendig. Solche führenden Vorbilder kennen nicht den fanatischen Ehrgeiz, daß man nur ihren Ansichten zu folgen hat, koste es was es wolle.

Jeder hat es immer wieder mit anderen zu tun, ob in der Ehe, in der Familie, im Betrieb - oder allgemein im Alltag. Im Umgang mit anderen ist ein ganz wesentlicher Faktor zu berücksichtigen, nämlich nie seine Meinung jemandem aufzwingen zu wollen. Tun Sie es, und der andere ist zu ICH-schwach, um seine eigene Meinung zu halten, so haben Sie in jedem Falle eine Disharmonie im anderen erzeugt, die sich trübend auf Ihr Verhältnis auswirkt. Auch wenn Sie es noch so gut mit jemandem meinen und von Ihrem Standpunkt aus erkennen, was vorteilhaft für den anderen ist, so sollten Sie ihm wohl raten, aber es dann ihm überlassen, ob er Ihren Rat annimmt. Jeder Mensch steht auf einer anderen geistig-seelischen Entwicklungsstufe, wobei keiner werten kann, da wir mit unserem heutigen Bewußtsein nicht annähernd uns die allumfassende Größe dieser geistig-seelischen Dimension vorstellen können. Erinnern möchte ich an dieser Stelle noch einmal daran, daß nur durch die Schwächen und Unvollkommenheiten eine Entwicklung für den einzelnen und die Gesamtheit gewährleistet ist. Nur im Bestreben, Schwächen zu überwinden, liegt der Fortschritt. Betrachten Sie unter diesem Gesichtspunkt sich selbst und Ihre Mitmenschen. Für einen Rat und eine gewünschte Hilfeleistung sind sicher die meisten froh und dankbar.

Nehmen wir jetzt nur einmal an, Sie würden einem anderen eine Hilfe aufzwingen, weil Sie es «so gut mit ihm meinen». Mit dieser aufgezwungenen Hilfe wird seine Schwäche - oder sein Leid - überspielt und überdeckt. Sie nehmen ihm damit die Chance seiner notwendigen Entwicklung, die er ja gerade durch seine Schwächen hat. Sie haben ihm durch Ihre gutgemeinte Hilfe einen Schaden zugefügt.

Viele Eltern wollen - auch wenn die Kinder längst erwachsen sind - sie immer noch vor allem bewahren, viele ihren Partner und ihre Freunde. Alle tragen sie zur Unfreiheit des anderen bei. Sie manipulieren ihn durch Ihre gutgemeinten Absichten und verhindern dadurch eine Entwicklung, die jeder nur in der Auseinandersetzung mit sich allein vollbringen kann. Und nur allein die stattfindende geistig-seelische Entwicklung verhilft zu einem guten Selbstbewußtsein und Selbstwertgefühl, zu einem ICH-bin-ICH-Bewußtsein.

Wenn jemand durch sein Fehlverhalten, das er trotz aller guten Ratschläge nicht geändert hat, negative Erfahrungen machen muß, so sind diese eigenen Erfahrungen die größte Chance und beste Hilfe zur Wandlung. Immer liegt es jedoch in der Freiheit des einzelnen, seine Chancen wahrzunehmen. Nimmt er sie nicht wahr, werden seine Erfahrungen immer bitterer – bis er durch sie zur Erkenntnis gekommen ist.

Nie können Sie einem andern Menschen seine Entwicklung abnehmen, das wäre sogar das Schlimmste, was man ihm antun könnte, denn der Sinn liegt ja gerade in einer durch *eigene* Erfahrungen gemachten Bewußtseins-Entwicklung, die zur Erkenntnis führen kann.

Wenn Sie hieran öfter denken, wird sich Ihr Verhältnis zu Ihren Mitmenschen im engen und weitesten Kreis auf die Dauer tiefgreifend verbessern. Jeder fühlt, daß er sich in Ihrer Gegenwart entfalten kann – das ist das größte Geschenk, das Sie einem Menschen geben können.

Die Erkenntnis, daß das Wichtigste für den Menschen seine Entwicklung ist, verhilft Ihnen auch zu der Einsicht, daß Sie niemals einen Menschen festhalten dürfen, an sich *fesseln* wollen. Manchmal kommen Menschen zusammen und sie geben einander viel durch ihre Gemeinsamkeit, durch ihre guten und auch negativen Erfahrungen. Manche wachsen und reifen miteinander, und dadurch ist es eine lebenslange Partnerschaft. Andere sind ein Stück Weg miteinander gegangen und einer – oder auch beide – entwickeln sich in eine andere Richtung, die keine Gemeinsamkeit mehr beinhaltet. Dann sollte jeder seinen Weg alleine gehen mit dem Wissen, daß die gemeinsame Zeit mit allen Erlebnissen – ob gut oder weniger gut – ein wichtiger Lebensabschnitt mit wertvollen Erfahrungen war. Jede Erfahrung hat ihren Wert! Immer verhilft Ihnen der andere zu irgendwelchen Erfahrungen – und, wenn Sie es richtig betrachten und auswerten, zu Erkenntnissen. So lernen wir alle aneinander.

Lassen Sie also einen Menschen – ob Partner, Freund oder Mitarbeiter – gehen, wenn er es so will. Aber klammern auch Sie sich nicht an einer Situation fest, die Ihnen nichts als nur z. B. äußere Erleichterung gibt, aber keine innere Entwicklung mehr gewährleistet.

Stellen Sie sich öfter auf Ihrer Leinwand oder Ihrem geistigen Bildschirm ein gewünschtes, ersehntes Bild von sich selbst vor, z. B. ein gutes Selbstbewußtsein. Machen Sie sich immer wieder den hohen Wert Ihres geistigen Selbstes bewußt; das vermittelt Ihnen ein Selbstwertgefühl und dadurch entsteht automatisch ein gutes Selbstbewußtsein. Stellen Sie sich auch z. B. ein heiteres, unbeschwertes Wesen vor. Sie lernen immer mehr, das Wesentliche vom Unwesentlichen unterscheiden zu können und sich vermehrt auch auf die positiven Aspekte des Lebens zu konzentrieren. Vor allem bilden Sie die gedankliche und wenn möglich bildhafte Vorstellung der inneren Freiheit: Nicht gebunden zu sein an seine eigenen Stimmungen und momentanen Situationen und nicht manipulierbar zu sein von Launen, Absichten, Äußerungen anderer, sondern unbeeindruckbar seine eigenen gewünschten inneren Vorstellungen durch den Einsatz des Willens festzuhalten. Um seine gedanklichen Vorstellungen, die immer nach physischer Realisierung drängen, in die gewünschte Richtung steuern zu können, ist es notwendig, sich seine Gedanken, Absichten und Erwartungen bewußt zu machen. Und genauso bewußt – ohne kritisierende Einstellung – auch seine Mitmenschen wie die Umwelt zu erleben. Erst durch die Bewußtwerdung können Sie selektieren: auswählen oder sich distanzieren. Dadurch sind Sie immer weniger manipulierbar, Sie werden innerlich immer freier. Dieser Prozeß bewirkt eine große Freude, Entspannung und

Erlösung in Ihrer Seele. Das Resultat ist eine wachsende Kreativität, die Ihr persönliches und berufliches Leben bereichert.

Die Mitgestaltung und Verantwortung des Menschen am Natur- und Weltgeschehen

Vergegenwärtigen Sie sich noch einmal, daß die äußere Welt nur ein Ausschnitt aus der gesamten Wirklichkeit ist; der Ausschnitt, den Sie mit Ihren fünf Sinnen wahrnehmen können. Es besteht eine Art «geistiger Kosmos» mit Energiefeldern, wo Gedanken und Ideen ihr Zuhause haben. Durch Ihre geistige Aktivität, durch Ihr Denken also, schalten Sie sich in diese geistige Dimension ein und bestimmen, welche Ideen-Qualität in Ihr Bewußtsein eintritt. In diesen geistigen Bereichen gelten harmonische Gesetzmäßigkeiten (siehe mein Buch «Das OMEGA-TRAINING»...). Durch das FRIEBE-ALPHA-TRAINING machen Sie einen Entwicklungsprozeß durch, der Sie befähigt, diese geistigen Gesetzmäßigkeiten zu erkennen, sie zu erleben und sie zu Ihrem Vorteil einzusetzen.

Bisher habe ich Ihnen erläutert, wie Sie durch die Qualität Ihrer Gedanken steuernd und bestimmend auf Ihr Schicksal einwirken. Jetzt zeige ich Ihnen, wie Ihre Gedanken und Handlungen nicht nur verändernd und gestaltend auf Ihr Schicksal wirken, sondern sogar Wirkungen im gesamten Natur- und Weltgeschehen hinterlassen.

Stellen Sie sich die Materie vor. Innerhalb der Materie sind Atome, die durch ihre Eigenart die Materie überhaupt zusammenhalten. Die Atome innerhalb dieser Materie haben einen riesigen Abstand voneinander, in

Relation zu ihrer Größe gesehen. Dazwischen ist leerer Raum. Ebenfalls innerhalb der Atome sind Zwischenräume, da die Atome sich wiederum aus Partikelchen zusammensetzen.

Erinnern Sie sich an Hermes Trismegistos, dem Altägypter, der für den Begriff Gott die Definition DER ALLES anwandte? (Seite 56/57) Hermes erläutert: DER ALLES hat mit seinem Geist alles geschaffen. Er ist in allem, und ist dennoch mehr als alles. «Da ALLES in DER ALLES ist, ist es gleichermaßen wahr, daß der ALLES IN ALLEM IST».

So sind nach Hermes Trismegistos «die Atome, Moleküle, Partikelchen lediglich die stofflichen Körper von Bewußtseinswesenheiten, genauso wie der Körper des Menschen nur seine Form, aber nicht er selbst ist.» Alles ist im Grunde mit Bewußtsein durchdrungen, selbst die winzigsten Partikelchen. Durch unser Denken stellen wir einen Kontakt zum Wesenhaften aller Bereiche her: zum mineralischen, pflanzlichen, tierischen und natürlich zum menschlichen Bereich selbst. Denkend durchdringen und wirken wir in all diesen Bereichen.

Mineral	*Pflanze*	*Tier*	*Mensch*
Materie – oder Physischer Leib	Materie – und Lebens prozeß	Materie – Lebensprozeß und Seele	Materie – Physischer Leib, Lebensprozeß, Seele und Geist – Ich-bewußtes Denken

Der Mensch steht als denkendes Wesen über allen Natur-Reichen und gehört dennoch auch diesen Bereichen an. Alle Natur-Reiche sind auch im menschlichen Sein.

«Freilich ist auch der Mensch zunächst ein Glied der Natur: er teilt
mit den *Steinen* den *materiellen Körper,*
mit den *Pflanzen* den *lebendigen Leib,*
mit den *Tieren seelische Empfindung* und
Triebbewegung.

Sofern er jedoch darüber hinaus ein Geistwesen ist, welches die Natur-Reiche erkennend überschaut, *schließt der Mensch die Natur ab,* ist er ihre mikrokosmische Ganzheit und ihr Ende und folglich selbst *kein naturhaftes,* sondern ein *übernaturhaftes Wesen.*

Im Menschen endigt das Reich der Notwendigkeit, Getriebenheit und ICH-Losigkeit (also die Natur) und beginnt das Reich der Freiheit, der Selbstbestimmung und Selbsterkenntnis.»

(Professor Otto Julius Hartmann)

ICH-bewußt denkend hat der Mensch also einen inneren Kontakt zu allen Natur-Reichen, deren mikrokosmische Ganzheit er selbst darstellt.

Kurz möchte ich die philosophische Theorie dieser einzelnen Bereiche berühren:

Das ICH (bewußtes Denken) des Menschen ist im *Menschen.*

Das ICH (bewußtes Denken) des Tieres ist *außerhalb der Materie* (des tierischen Körpers) – ist im *Geistigen.* Es ist sozusagen für die jeweilige Tiergruppe zuständig, man spricht in der Esoterik von einem *Gruppen-ICH.*

Das ICH und die SEELE der Pflanze sind im *Geistigen, außerhalb der Materie,* d.h. Gruppen-ICH und Gruppen-SEELE sind für jeweilige Pflanzengattungen zuständig.

Das ICH, die SEELE und der LEBENSPROZESS des Minerals sind *außerhalb der Materie,* sind im *Geistigen.*

Alles ist Bewußtsein. Ist Geist. Und alles durchdringt sich daher ständig. Eines hat Anteil am anderen. Alles ist durch den Geist, durch DER ALLES entstanden.

Im Johannes-Evangelium heißt es:
Im Anfang war das Wort,
und das Wort war bei Gott,
und das Wort war Gott.
Dies war im Anfang bei Gott.
Durch dieses ist alles geworden,
und ohne es ward nichts von allem,
was geworden ist.
In ihm war das Leben,
und das Leben war das Licht der Menschen.
Das Licht leuchtet in der Finsternis;
allein die Finsternis hat es nicht ergriffen.

Die Ebene des Geistes ist die primäre Realität. Aus dieser Ebene des Logos, des Wortes, der Idee ist *alles* entstanden und entsteht *alles.* An dieser geistigen Ebene hat *alles* Anteil. Und wir haben durch unser ICH, durch unser bewußtes Denken, Zugang zu den übergeordneten ICH- und SEELEN-Wesenheiten aller Naturreiche.

Ein praktisches Beispiel: Rabenartige Vögel ziehen zu einem bestimmten Zeitpunkt immer vom Norden Nordamerikas in den Süden. Normalerweise ziehen sie immer auf einem bestimmten direkten Wege. Vor einigen Jahren machte man die Beobachtung, daß sie plötzlich nicht auf direktem Weg, sondern in weitem Bogen nach Süden zogen. Während sie in weitem Bogen zogen, bildeten sich vom Südosten her Wirbelstürme. Schon beim Start schlugen die Vögel einen großen Bogen ein, obwohl zum Zeitpunkt des Starts noch keinerlei Anzeichen für den Sturm waren (sie fliegen mehrere Tage). Gerade die Vogelgruppe nahm diesen Umweg, die beim normalen, direkten Flug in den Wirbelsturm geraten wäre. Während der Sturm noch andauerte, starteten die nächsten Vögel schon wieder in der richtigen, direkten Richtung. Als sie in die Sturmzone kamen, war der Sturm vorbei. Selbst eine Feinfühligkeit für Sturmzonen kann dieses Phänomen nicht erklären, da der nächste Vogelzug ja bereits wieder den normalen direkten Weg einschlug, als der Sturm noch tobte. Die Vögel können sich ja nicht ausrechnen, wie lange der Sturm anhält. Und vor allem diese Vogelgruppe hätte den Sturm besonders intensiv wahrnehmen müssen. Die Feinfühligkeit in bezug auf den Sturm ist keine Erklärung für das Verhalten: die ersten flogen ab, in einer neugewählten, ungewohnten Route, obwohl der Sturm erst Tage später da war. Die anderen flogen – während des Sturmes – wieder in der altgewohnten Route und kamen ganz genau zu dem Zeitpunkt in den Bereich, da er nicht mehr tobte.

Dieser ganze Ablauf des Vogelzuges beweist, daß übergeordnete, weise geistige Kräfte steuern. Oder wie würden Sie eine steuernde Kraft bezeichnen, die ein Wissen hat und zugleich rechnen und vorausschauen kann? Das kann man doch nur als ein geistiges Wesen bezeichnen, das sehr bewußt handelt – ein Geistwesen, das die denkende und steuernde ICH-Funktion für die ganze Tiergruppe hat.

Dieses Geistwesen hat also eine Vorausschau (Präkognition), und auf unserer ALPHA-Ebene, die Sie herstellen, wenn Sie auf Ihren Entspannungsort mit dem beschriebenen count-down von 12–1 gehen, die ALPHA-Ebene, die kommunikativen Charakter hat, gehen Sie aus Ihrer begrenzten Person heraus – und können ebenfalls somit Kontakt zu Geschehnissen aufnehmen – so wie ja auch das ICH der Vögel außerhalb ihres begrenzten Körpers ist, nämlich in der geistigen Ebene, in der alle Ereignisse geistig bereits vorhanden sind, bevor Sie sich physisch realisieren.

Betrachten Sie jetzt noch einmal Seite 124: Mit unserem Bewußtsein, mit unserem denkenden ICH, durchdringen wir alle Naturreiche, die wir selbst in uns beinhalten und vereinen: Der Mensch ist als *Naturwesen* ein Mitglied aller Naturreiche, deren mikrokosmische Ganzheit er ja darstellt. Als ICH-bewußtes, denkendes Wesen ist der Mensch ein *Geistwesen* (und gehört als solches den geistigen Bereichen an), das mit seinem denkenden ICH alle Naturreiche durchströmt.

Sie wissen, daß jeder Gedanke gestaltende und verändernde Macht hat, denn alles ist aus der Idee, aus dem Geist geboren.

Gedanken sind geistige Energien, die alles durchdringen. Der Mensch hinterläßt mit seinen Gedanken Spuren, Impulse, Eindrücke in allen Naturreichen. Gedanken, die gestaltend, verändernd, vernichtend wirken, je nach ihrer Qualität.

Können Sie sich vorstellen, wenn der Mensch durch ein wahlloses, undiszipliniertes Denken die Liebe und dadurch den Kontakt zur Natur verliert, welche verheerenden Katastrophen dann in allen Naturbereichen entstehen müssen? Der Mensch ist der Selbsgestalter seines Schicksals im unfassendsten Sinn. Er erfährt immer das Glück oder Leid, das er durch sein Denken verursacht hat. Alles Äußere ist nur Ausdruck des Inneren.

Eventuell können die Naturwissenschaftler feststellen, warum es zu dieser oder jener Katastrophe gekommen ist. Man findet oder mutmaßt eine Ursache. Aber wie ist es denn zu dieser Ursache gekommen? Allem Augenscheinlichen liegt der geistige Schöpfungsakt zugrunde, den man nicht mit dem groben naturwissenschaftlichen, wohl aber mit dem subtilen geisteswissenschaftlichen Instrumentarium, dem reinen Denken, aufdecken kann. Das Denken stellt die Verbindung zum Geistigen her. Wenn einer daran zweifelt, daß er durch Denken zur Wahrheit kommen kann, dann ist dieser Zweifel in sich selbst unberechtigt, denn er ist ja selbst ein Denkprodukt. Wenn man dem Denkvorgang nicht traut, dann kann man dem Zweifel, dem Mißtrauen auch nicht trauen, da das Mißtrauen und der Zweifel durch Denken entstehen.

Verstehen Sie jetzt, wie wesentlich und notwendig eine Aufklärung über die Realität und Wirkung der Gedanken ist, um der Umweltverschmutzung entgegenzuwirken, die durch Handlungen entstanden ist, welche durch ein liebloses und daher negatives Denken gegenüber der Natur bewirkt wurde. Der Mensch wird die Natur *erlösen* müssen durch ein Denken, das sich mit dem Verstehen und Erkennen der ewig gültigen geistigen Gesetze befaßt. Diese geistige erkennende Tätigkeit erzeugt im Menschen ein Verständnis und eine Liebe zur gesamten Natur und zum ganzen Universum. Und nur durch die Liebe offenbaren sich die Geheimnisse, zeigt sich das Verborgene. Wenn auf diese Weise die Natur erlöst wird, befreit und erlöst sich der Mensch im selben Maß aus seiner Enge und erreicht höhere Bewußtseinsdimensionen.

Wir tragen nicht nur die Verantwortung am Natur-, sondern auch am gesamten Weltgeschehen.

Krieg und Frieden

Jedes äußere Ereignis ist das Produkt einer bewußten oder unbewußten geistigen Aktivität. Jeder Kriegsausbruch ist das Ergebnis zielgerichteter, intensiver, dynamischer Gedankenarbeit in bezug auf Kriegsführung.

Sie lesen und hören Berichte, Sie sehen grauenhafte Bilder über das Kriegsgeschehen in einem bestimmten Land. In Ihnen tauchen Gedanken und Gefühle der Ablehnung, des Abscheues, des Hasses gegen den Krieg auf. Was bewirken Sie mit diesen Gedanken? Sie *unterstützen* den Krieg! Jeder Gedanke trägt seiner Qualität nach zur physischen Realisierung bei. Gedanken des Hasses erzeugen Haß, den sie im äußeren Geschehen in Form von Feindseligkeiten, Terror, von Krieg wiederfinden.

Wenn Sie den Krieg hassen und Sie bemühen sich um Gedanken und Vorstellungsbilder der Feundschaft, der Toleranz, des Verständnisses, positive Gedanken dieser oder ähnlichen Art, die Sie an den Ort des Kriegsgeschehens hin orientieren, dann tragen Sie mit diesen geistigen Impulsen zum Frieden bei. Gedankliche Impulse, die von Gleichgesinnten angezogen und aufgefangen werden, die dadurch eine Verstärkung ihrer Gesinnung erhalten – und somit kann eine Interessengruppe entstehen, die eine Friedensstrategie entwickelt.

Wer klar erkannt hat, daß Gedanken reale Kräfte sind, die ihr Zuhause im geistigen Kosmos haben und von dieser geistigen Ebene aus als unvergängliche Energie ihrer Qualität nach über das Unterbewußtsein der Menschen wirken, die sich auf diese gedankliche Ebene einschalten, wer diesen Prozeß versteht, der kann in sich die Motivation zur Gedankenkontrolle und -steuerung empfinden, um im besten Sinne auf das Weltgeschehen einzuwirken.

Denken Sie nicht, daß Sie als Einzelmensch zu schwach sind, um Wirkungen zu erzeugen. Im Geistigen gibt es keine Quantitäten, es gibt nur Qualitäten, denn das Geistige ist reinste Energie, es kennt keine physischen Dimensionen, keine Maße, keine Gewichte – nicht Raum noch Zeit. Die Idee eines Menschen hat oft revolutionierende Folgen im Positiven wie im Negativen gehabt.

Konzentrieren wir uns noch einmal auf die Friedensstrategie. Da die kriegsführenden Mächte mit aller Intensität und gedanklichen wie oft auch emotionalen Hingabe ihre Kriegsstrategie entwickeln, muß die gleiche, ja noch stärkere Intensität und Hingabe in der Friedensstrategie vorhanden sein, sonst wird keine echte Balance und schließliche Überwindung des Krieges hergestellt werden können. Das leuchtet ein, nicht wahr!

Solange Menschen Gedanken z.B. des Neides, der Eifersucht, des Hasses, der Überzeugungssucht, des Rechthabenwollens usw. hegen, ballen sich diese Gedanken im Geistigen zusammen und wirken von dieser Ebene aus über das Unbewußte der Menschen, die eine innerliche Aufgeschlossenheit für diese negative Gedankenqualität haben und sich daher bereitwillig von diesen Ideen zu äußeren Handlungen inspirieren lassen. Natürlich werden sie dadurch selbst in den Sog der negativen Ereignisse mit hineingezogen. Sie stehen also immer in der Situation, an der Sie selbst durch Ihre innere Einstellung mitgewirkt haben – und Sie werden auf irgendeine Weise von einem negativen Geschehen abgezogen, wenn es Ihnen aufgrund Ihrer Entwicklung nicht mehr entspricht. Jeder profitiert stets an seiner gedanklichen Schöpfung im Positiven wie im Negativen, solange er sich geistig auf dieser Wellenlänge aufhält. Sobald er seine innere Einstellung ändert, wird er Anteil an anderen, seiner jetzigen Einstellung gemäßen Situation haben.

Da es im Zeitpunkt der heutigen menschlichen Bewußtseinsentwicklung, die kaum eine Aufklärung über die Realität und Wirkungsweise der geistig-seelischen Dimensionen enthält, den meisten Menschen schwerfällt, ihr Denken auf die geistigen Dimensionen auszudehnen, was sie mit Erkenntnis und Harmonie erfüllen würde, weil ein solches Denken, das zum erweiterten Bewußtsein führt, den meisten noch nicht möglich ist, wirken im begrenzten Bewußtsein der Menschen Ideen, die häufig zerstörerische Wirkungen erzeugen.

Darum besteht die dringende Notwendigkeit nach einer Aufklärung über die geistig-seelischen Ebenen im Mikrokosmos Mensch, der in Beziehung steht zum Makrokosmos Universum, aus dem ihm Erkenntnis, Liebe, Harmonie, Gesundheit zuströmen, wenn er sein Bewußtsein durch Schulung immer mehr öffnen und erweitern kann vom menschlichen zum kosmischen Bewußtsein.

Traumtechnik

Unterstützend zur Entwicklung dieses kosmischen Bewußtseins wirkt die Traumtechnik. Darüber hinaus können Sie die Traumtechnik auch zur Lösung von Problemen einsetzen, was viele unbewußt bereits tun.

Jane Roberts sagt in ihrem Buch «The nature of personal reality» (Prentice Hall Verlag) über Träume:

> Es ist durchaus möglich, das normal-bewußte ICH mit in den Traumzustand zu nehmen. Sie können erkennen, daß das träumende ICH und das wachende ICH ein und dasselbe sind, aber sie wirken in völlig unterschiedlichen Dimensionen. Sie werden mit der Tiefe, dem innersten von Erfahrungen und Wissen vertraut, das Ihnen bisher unbekannt war. Sie gewinnen eine wahre Flexibilität und ein erweitertes Bewußtsein von Ihrem Sein, und Sie öffnen Kommunikationskanäle zwischen Ihrer wachenden und träumenden Wirklichkeit. Dies bedeutet, daß sie weitaus besser in der Lage sind, Ihr unbewußtes Wissen zu nutzen und darüber hinaus das Unbewußte mit Ihrer gegenwärtigen physischen Situation vertraut zu machen. Solch ein Prozeß kann Sie in Kontakt zu einer Weisheit bringen, die Sie bisher nicht erkannt und daher geleugnet haben; es kann Ihnen helfen, Ihre ganze Lebenssituation harmonsich in Einklang zu bringen und Energien freizulegen für Ihre Absichten und Ziele in Ihrem täglichen Leben. Selbst der bloße Entschluß, einen solchen Versuch zu unternehmen, ist bereits vorteilhaft, da er automatisch eine Flexibilität der Verhaltensweisen des bewußten Selbstes voraussetzt. Wenn Sie Furcht vor Ihren Träumen haben, fürchten Sie sich vor sich selbst... Nun, es mag einige Zeit dauern, bevor Ihr Bewußtsein eine Traumdiagnose akzeptiert. Der Traum mag in Ihnen später wirken in Form von Ahnungen oder einer

plötzlichen Intuition oder einem Drang zu einer bestimmten Handlung. Wenn Sie sich allerdings selbst nicht trauen, dann könnten Sie solche Impulse ignorieren und somit keinen Vorteil aus den Lösungen und Antworten der Träume ziehen. Das vorurteilsfreie Bewußtsein ist immer wachsam und bereit für solche Traum-Mitteilungen. Sie können noch einige Schritte weiter im Traumzustand gehen und sich bestimmte Träume und bestimmte Lösungen erfragen und erarbeiten.

Wenn Sie allerdings glauben, daß Sie nicht bewußt den Traumzustand erleben, dann wird Ihr Glaube Ihnen die Realität schaffen. *Immer* schafft Ihnen Ihr Glaube, Ihre Überzeugung, Ihre Erwartung, die Realität.

Im Traumzustand erlauben Sie sich größere Freiheit. Hier probieren Sie träumend neue Ideen und Überzeugungen aus, die Sie später intellektuell und emotional physisch verwirklichen können. Ihr wachendes ICH hält sich innerhalb der Raum-Zeit-Dimension auf und entwickelt Ideen innerhalb dieser Grenzen. Ihr träumendes ICH ist in einer geistigen Dimension, in der es weder Raum noch Zeit gibt, einer Dimension, die grenzenlos ist. Hier kann Ihr ICH die im Wach-Zustand erlebten Grenzen überschreiten. Es erfährt andere Perspektiven, es hält sich im Bereich der wahren Kreativität auf, dort wo Ideen ihren tiefen Ursprung und ihr Zuhause haben. Zu dieser Kreativität bekommen Sie bereits Kontakt, wenn Sie durch Ihren count-down von 12–1 Ihren Entspannungsort aufsuchen. Durch diese Übung erzeugt Ihr Gehirn mehr ALPHA-Gehirnstromschwingungen, was einen veränderten Bewußtseins-Zustand darstellt, der dem Traum-Zustand ähnelt.

Ich erläutere jetzt die Traumtechnik:

Stufe 1:

Wenn Sie im Bett liegen, atmen Sie bewußt in Ihrem Rhythmus einige Male ruhig und gelassen ein und aus. Atmen Sie einmal Ruhe ein, und lassen Sie beim Ausatmen Ruhe durch den Körper strömen. Dann atmen Sie Frieden ein und lassen beim Ausatmen Frieden durch Ihren ganzen Körper strömen. Versuchen Sie, die Ruhe und den Frieden auch zu empfinden. Dann zählen Sie sich mit 12–1 auf Ihren Entspannungsort. Sollten Sie zu schnell einschlafen, genügen die Atemzüge der Ruhe und des Friedens. Entweder also beginnen Sie von Ihrem Entspannungsort aus, oder bereits nach den Atemzügen sich zu sagen:

Ich will mich diese Nacht an einen Traum erinnern –,
und ich werde mich an einen Traum erinnern.

Dann schlafen Sie ein.

Es kann sein, daß Sie durch diese Technik in der Nacht oder am Morgen erwachen und eine lebhafte Erinnerung an einen Traum haben. Um den Traum in Stichworten festhalten zu können, sollten Sie Papier und Bleistift und eine schwache Lampe bereit haben, um den Traum kurz niederzuschreiben.

Erst wenn Sie mit der Stufe 1 Erfolg gehabt haben, gehen Sie zur zweiten Stufe über.

Stufe 2:

Um sich an mehrere Träume zu erinnern, beginnen Sie genauso wie bei Stufe 1 mit den Atemzügen der

Ruhe und des Friedens und eventuell mit dem countdown von 12–1. Sagen Sie jetzt gedanklich zu sich selbst:

Ich will mich an mehrere Träume erinnern –
und ich werde mich an mehrere Träume erinnern.

Haben Sie wiederum Papier und Bleistift und eine schwache Lampe bereit, um die Träume beim Erwachen in Stichworten notieren zu können. Wenn man nachts durch einen Traum geweckt wird, ist es tatsächlich eine Überwindung, diesen Traum zu notieren.

Wenn Sie mit Stufe 2 Erfolg haben, es reicht bereits, wenn Sie sich an zwei Träume erinnern können, dann kommt die eigentliche Stufe 3.

Stufe 3:
dient dazu, einen Traum zu erzeugen, an den Sie sich erinnern und den Sie verstehen – der Ihnen die Lösung eines Problems zeigt.

Beginnen Sie wie bei Stufe 1 und 2. Sagen Sie dann gedanklich zu sich selbst:

Ich will einen Traum haben, der mir Anhaltspunkte gibt zur Lösung des Problems, das mich beschäftigt.

Nennen Sie jetzt das Problem möglichst kurz und klar, legen Sie aber keinen Lösungsweg fest. Dann sagen Sie zu sich:

Ich werde einen solchen Traum haben, der mir Anhaltspunkte zur Problemlösung gibt. Ich werde mich an diesen Traum erinnern – und ich werde ihn verstehen.

Dann schlafen Sie ein. Sie werden in der Nacht oder am Morgen erwachen und eine lebendige Erinnerung an einen solchen Traum haben. Und Sie werden den Traum verstehen.

Nicht wahr, Sie haben in den ersten beiden Stufen die Fähigkeit des Erinnerns an Träume erarbeitet. Diese Fähigkeit brauchen Sie in der dritten Stufe, wenn es darum geht, einen bestimmten Traum zu erzeugen, der Ihnen die Lösung eines Problems zeigt. Einen Traum, den Sie verstehen werden. Das Verstehen des Traumes müssen Sie sich bewußt mit einprogrammieren, damit Ihnen die eventuelle Symbolik des Traumes verständlich ist.

In diese Technik sollten Sie Geduld investieren. In Ihnen geht eine Entwicklung vor, die Ihnen hilft, die bisher unbewußte Traum-Dimension in Ihr Bewußtsein zu ziehen. Damit erweitern Sie Ihr Bewußtsein. Neue Ideen und Denkinhalte bereichern Sie.

Weitere hilfreiche Techniken des FRIEBE-ALPHA-TRAININGS kann ich nur mündlich im Kurs erklären. Sie können vom einzelnen ausschließlich in einem gut gesteuerten Übungsprozeß erlebt werden. Es braucht notwendige Kentnnisse, um spezielle Übungsinhalte risikolos wirksam zu machen, damit sie anschließend auch beim individuellen Üben benutzt werden können. Eine schriftliche Anleitung ohne die kontrollierende Stabilisierung in der kommunikativen Gruppe kann in dieser Richtung keine verantwortungsbewußte Empfehlung geben.

Zusammenfassung:

Betrachten Sie noch einmal das Symbol des FRIEBE-ALPHA-TRAININGS:

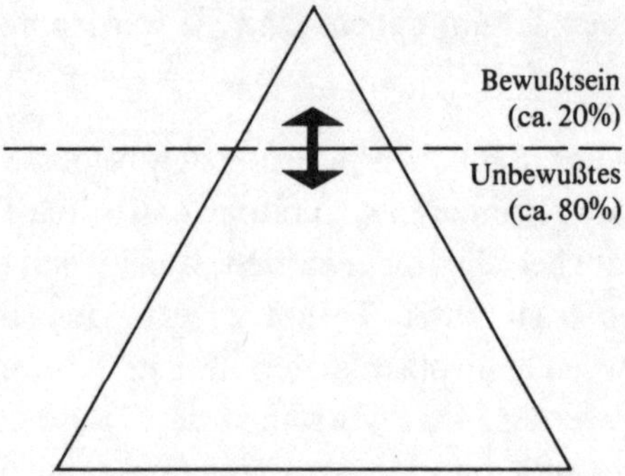

Durch den ICH-bewußten kontrollierten Zugang zum unbewußten geistig-seelischen Bereich – so, wie es in diesem Buch beschrieben worden ist – erheben Sie allmählich das Unbewußte ins Bewußtsein; sie lüften *das Geheimnis des Unbewußten.*

Der Schleier der Isis hebt sich. Kein Mensch kann durch seinen Willen und Wunsch die Isis entschleiern. Nur durch eine geduldige und beständige geistige Entwicklung wird sich einmal der Schleier lüften. Die Erhabenheit und unaussprechliche geistige Größe der entschleierten Isis kann nur derjenige ertragen, der sich Erkenntnis, Liebe, Weisheit und Seelengröße erarbeitet hat.

Achten Sie von jetzt ab darauf, welche Nahrung Sie, nicht nur Ihrem Körper, *vor allem* Ihrer Seele geben, damit sie sich unbeschwert und frei entfalten kann. Beobachten Sie darum Ihre Gedanken, Vorstellungen, Einbildungen, Erwartungen, Überzeugungen. Machen Sie sich diese geistigen Vorgänge *bewußt,* damit Sie steuernd und ausgleichend eingreifen können. Gehen Sie aber nicht verbissen und fanatisch an diese geistige Arbeit – das verhindert geradezu eine geistige Entwicklung – sondern bemühen Sie sich um eine gewisse Gelassenheit und Heiterkeit. Das ständige Bemühen erzeugt in Ihrer Seele eine Kraft, die Sie nicht mehr verlieren können. Alle wahren geistigen Größen waren und sind immer heiter, denn in den geistigen Dimensionen herrscht nicht nur eine unaussprechliche Harmonie, sondern auch Heiterkeit, wovon alle großen Denker und Eingeweihten berichten. Eine enge, bedrückende, intolerante, ja vielleicht sogar fanatische Konzentration auf eine geistige Einseitigkeit kann zu dämonenhaften Vorstellungen führen. Dämonen und sonstige böse Geister, von denen manche berichten, sind das Ergebnis gedanklicher Vorstellungen, die der Unwissende produziert hat.

Denken Sie immer daran, daß Sie die Bilder, die Sie in sich tragen, auch in der Außenwelt antreffen werden; denn Ihr ganzes Verhalten orientiert sich immer nach Ihren inneren gedanklichen Vorstellungen. Sie sind stets der Schöpfer Ihrer eigenen Welt. Sie erleben Ihre Bilder. Ihre Innenwelt ist auch Ihre Außenwelt. Sie kreieren mit Ihrem Geist alles Äußere. Und dieses Geschaffene gibt Ihnen wiederum eine entsprechende Resonanz, die zu einem Lernprozeß beitragen kann. Das Innere und das Äußere – Geist und Materie – sind die zwei Pole ein und derselben Sache. Ihre inneren Überzeugungen – von was auch immer – werden Sie in den äußeren Umständen wiederfinden gemäß dem geistigen Gesetz, daß alles Äußere nur der Ausdruck des Inneren ist. Jeder wird nur in den Bereich der äußeren Realität hineingezogen, zu dessen Entstehung er selbst – oft in unbewußter Gemeinschaft mit anderen – beigetragen hat. So wird er sich immer unter seinesgleichen, nämlich den geistigen Mitgestaltern dieses Realitätsbereiches, befinden. Ändert er seine innere Überzeugung, geht er allmählich automatisch auf Distanz zu den äußeren Umständen und findet sich nach einiger Zeit in anderen Situationen, die seiner jetzigen Überzeugung gemäß sind.

Sie sind der Selbstgestalter Ihres Schicksals. Machen Sie von der unbegrenzten Freiheit Ihres Geistes – Ihres denkenden ICH's – *durch den Einsatz Ihres Willens* Gebrauch, um an einem gewünschten Schicksal aktiv gestaltend zu wirken und nicht ein mitgebrachtes Schicksal passiv zu erleiden. Benutzen Sie hierzu *täglich* Ihre Bildschirm- oder Leinwandtechnik. Machen Sie diese Übung nie lau, dann erhalten Sie auch nur laue Resultate, sondern investieren Sie Willen, geistige Energie, Freude; vor allem Überzeugung, die in Ihnen durch Wissen gewachsen ist, daß Gedanken die stärkste Macht der Welt sind, die alles entstehen lassen.

Löschen Sie Ihre Probleme mit der Spiegeltechnik. Mit dieser Technik wenden Sie das große geistige Gesetz der Polarität an. Nach dem Löschungsakt, den Sie nur einmal vornehmen dürfen, richten Sie – wann immer Sie wieder an das Problem erinnert werden – Ihre ganze willentliche Konzentration auf den ersehnten Endzustand, den Sie auf Ihren geistigen Bildschirm bildhaft oder in Schriftzügen projizieren. Fühlen Sie die Freude in sich, die Sie empfinden werden, wenn dieses Bild Wirklichkeit wird.

Fürchten Sie sich vor nichts! Empfinden sie Furcht in sich, konzentrieren Sie sich energisch auf Vertrauen. Erzeugen Sie gedanklich, und wenn möglich, bildhafte

Vorstellungen in sich von Situationen, die Ihr Vertrauen bestätigen. Dann erleben Sie auch diese Situationen.

Da *alles* mit Bewußtsein durchdrungen ist, sprechen Sie mit Ihren Körperzellen; vermitteln Sie Ihrem Organismus ein Bild der Gesundheit. Optimismus und Freude unterstützen die Gesundheit. Pessimismus und eine negative Einstellung verkrampfen und tragen zur Krankheit bei. An dieser Stelle möchte ich kurz Asklepios (Aeskulap), den großen weisen Heilkundigen – den Gott der Heilkunst –, zu Wort kommen lassen, der in Epidaurus in Griechenland ein Heilzentrum gegründet hatte, in dem er selbst unheilbare Krankheiten wie Blindheit und Lähmung heilte. (Der Stab des Aeskulap ist heute das Symbol der Medizin.)

In einer kleinen Schrift von Theodoros Papadakis, die ich in Griechenland fand, stand über das «Heiligtum des Asklepios»:

> Nun, entsprechend der großen Tradition des Asklepios, benutzten seine Priester (die in erster Linie auf einer höheren Spiritualitätsebene standen) jedes Mittel, das dazu beitragen konnte, den natürlichen Drang der menschlichen Seele zum Schönen, Guten und Göttlichen zu kräftigen und den Pilger mit der *geistigen Realität* harmonieren zu lassen, weil sie glaubten und es auch tatsächlich bewiesen, daß auf diese Weise der Mensch *in seinem wahren ICH erwacht* (erkenne dich selbst) und seine Gesundheit und Harmonie wiederfindet... Die künstlerische Schöpfung und das Betrachten und Genießen des Schönen in den Meisterwerken der Architektur, der Skulptur und der Malerei wurden als bedeutende Faktoren angesehen zur Erhöhung und Vergeistigung des Gemü-

tes und zur Wiederherstellung der seelischen und körperlichen Gesundheit.

Denn das Betrachten des Schönen und Guten erzeugt Gleichgewicht und Harmonie und wirkt fördernd auf die Gesundheit!

Je mehr der Sinn des Menschen sich an Bildern künstlerischer Schönheit erfreut und in Verbindung mit der göttlichen Harmonie steht, desto mehr erhöht er sich und wird seelisch harmonischer, *um schließlich sein Wohlbehagen und seinen Optimismus dem Körper mitzuteilen,* was eben Gesundheit und Harmonie bedeutet. Asklepios sagte über das Negative!: Dieses Etwas, das unsere natürliche Harmonie zu stören sucht, ist nicht wirklich, es hat keine wahre Substanz, es ist eine «Chimäre», eine Phantasie, ein Traum. Diese Feinde unserer physischen Harmonie, obwohl phantastisch, sind aber doch sehr gefährlich, weil sie unser *Gemüt* angreifen und uns in bewußte und unbewußte Ängste, in Ängstlichkeit, Bösartigkeit und schreckliche Leidenschaften stürzen, die ungezügelt uns immer mehr einschnüren, wie die Lernäische Hydra. Solche Feinde fallen zuerst das Gemüt des Menschen an; sie setzen sich, falls er ungewappnet oder charakterschwach erscheint, in seinem *Denken* und Sinnen fest und befallen von dort aus sich verbreitend den Körper. DENN ES IST DAS GEMÜT, DAS DEN KÖRPER REGIERT. DER GEDANKE IST DER ALLERHÖCHSTE FAKTOR IN DER BILDUNG UNSERES ORGANISMUS. DAS GEMÜT SIEHT UND HÖRT: ALLES ANDERE IST BLIND UND TAUB, wie der berühmte, obwohl heute fast unbekannte Dichter Epiharmos ausdrückte. Da nun aber die Keime der Krankheit hauptsäch-

lich im Gemüt stecken, muß auch die Art der Behandlung eine geistige sein.
Soweit Asklepios.

Alle großen Weisen und Eingeweihten stellen die tiefe Bedeutung der Konzentration auf alles Gute und Schöne heraus. Die Seele wird dadurch in ihrem tiefsten Innern, an ihrem Ursprung berührt. Es öffnen sich Quellen, aus denen Kraft und Weisheit strömen. Alles Negative ist durch das Denken der Menschen entstanden, die durch eine ausschließliche Konzentration auf äußere Bereiche den innigen Kontakt zur universalen Harmonie verloren haben. Wollen Sie Ihre Aufmerksamkeit auf die negativen Produktionen dieser unwissenden Menschen (Produktionen, an denen wir alle – zumindest hin und wieder...! – selber Anteil haben) richten? Wenn Sie es tun, dann machen Sie es wenigstens ganz bewußt, damit Sie auch bewußt die daraus resultierenden Erfahrungen registrieren und auswerten können! Bewußtsein ist alles!

Je bewußter Sie im Sinne dieses Buches denken und handeln, desto mehr nehmen Sie von der gesamten Realität wahr – zu der das Positive und das Negative nach dem geistigen Gesetz der Realität gehören. Alles, was außerhalb des allumfassenden, des alles durchdringenden Bewußtseins von DER ALLES ist, ist polar. Nur im für den menschlichen Geist unvorstellbaren göttlichen Bewußtsein, hebt sich die Polarität auf, wird zur Einheit. Versuchen Sie öfter, verschiedene Perspektiven von ein und derselben Situation wahrzunehmen, und wenn Sie es nur als Übung, als Spiel betreiben. Auf jeden Fall – wenn Sie sich dies zur Gewohnheit werden lassen – wird Ihr Bewußtsein flexibler, was eine Bereicherung Ihres ganzen Seins nach sich ziehen kann.

Flexibel sein heißt, vor allem auch nicht starr festhalten zu wollen an Menschen, Situationen, an Gewohnheiten. Denn das würde Sie in eine innere Abhängigkeit bringen, die Ihr Selbstbewußtsein schwächt, die eine Entfaltung bremst, was jeder schöpferischen Entwicklung in innerer Freiheit mit allen fördernden positiven Erlebnissen entgegenwirkt.

Wenn Sie mit Hilfe der von mir beschriebenen Gedankendisziplin und den erwähnten Techniken zu Gedankeninhalten kommen, die zu Ihrer Bewußtseinserweiterung beitragen, dann tauchen Sie allmählich in bisher unbekannte geistige Dimensionen ein, und Sie erahnen und erleben immer mehr die erhabene Größe der universalen Realität. Sie bekommen einen Eindruck von der unvorstellbaren Fülle ersehnter Qualitäten, auf die Sie Ihr Bewußtsein nur geduldig, ausdauernd und konsequent richten müssen, um diese Fülle durch die geistige Inspiration und daraus resultierende Handlungen physisch zu realisieren.

Das erweiterte Bewußtsein läßt die Verbundenheit, die Einheit mit allen Menschen auf der geistig-seelischen Ebene erkennen, wie auch zu allen Naturreichen und zum gesamten irdischen und kosmischen Geschehen. Der Mensch durchströmt mit seinem denkenden ICH alle diese Bereiche, in denen er geistig gestaltend und verändernd wirkt. Insofern trägt er die Verantwortung nicht nur an seinem persönlichen Schicksal, sondern durch die Freiheit seines Geistes hat er Anteil am Gesamtgeschehen. Er hat Anteil, doch selbst der weiseste unter den Menschen könnte nicht die geistigen Gesetze außer Kraft setzen, die zur Höherentwicklung des menschlichen zum kosmischen Bewußtsein beitragen.

Nach den geistigen Gesetzen der Vibration und des Rhythmus (siehe «OMEGA-TRAINING» - Bewußtseins-Dimensionen) muß in allem eine wirbelartige Kraft sein, die zur ständigen Veränderung Anlaß gibt. Veränderungen, die bewirken, daß man «Stufe um Stufe die Treppe der Diotima hinaufsteigt, um so eines Tages zum Anblick des absolut Schönen und Guten zu gelangen». (Aus der kleinen Schrift von Theodoros Papadakis über Asklepios).

Nach jedem Kurs, den ich beende, wünsche ich meinen Teilnehmern mit dem Erlernten «ein schönes, erfolgreiches, glückliches neues Leben». Und so möchte ich dieses Buch beschließen: «Ihnen, mein lieber Leser, wünsche ich, daß Sie mit Hilfe meiner Ausführungen einen Entwicklungsprozeß erleben, der Ihnen persönlichen und beruflichen Erfolg bringt, der Sie wieder das Schöne, das Wahre, das Gute, die Liebe und Weisheit erleben läßt.»

Literaturverzeichnis

Sri Aurobindo	Der integrale Yoga
Richard Bach Verlag Ullstein	Möwe Jonathan und Illusion
Max Bänziger Osiris-Verlags-AG Nußbaumen	Das Altägyptische Lebensbuch
Doug Boyd Random House New York	Rolling Thunder (jetzt auch in deutscher Übersetzung mit dem Originaltitel)
Paul Brunton Hermann Bauer Verlag Freiburg/Br.	Die Weisheit des Überselbst
Hermann Büttner Eugen Diederichs Verlag Jena	Meister Eckehart Schriften
H. K. Challoner F. Hirthammer Verlag München	Regenten der Sieben Sphären
Jean Charon Paul Zsolnay Verlag Wien	Der Geist der Materie
Thorwald Dethlefsen Bertelsmann Verlag	Schicksal als Chance
Margarete Friebe Drei-Eichen-Verlag München	Das OMEGA-TRAINING
Otto Julius Hartmann Vittorio Klostermann-Verlag Frankfurt/M	Der Mensch als Selbstgestalter seines Schicksals – Vom Sinn der Weltentwicklung
Walter Heitler Verlag Klett & Balmer, Zug	Die Natur und das Göttliche
Georg Kühlewind Verlag Freies Geistesleben Stuttgart	Das Gewahrwerden des Logos
Manfred Kyber Drei-Eichen-Verlag Engelberg und München	Die drei Lichter der Kleinen Veronika
Levi Hugendubel Verlag München	Das Wassermann Evangelium vom Jesus dem Christus

Max Freedom Long Hermann Bauer-Verlag Freiburg/Br.	Kahuna-Magie
Jacques Lusseyran Klett-Cotta-Verlag, Stuttgart	Das wiedergefundene Licht
Joseph Murphy Ariston Verlag Genf	Die Macht des Unterbewußtseins
Mikhail Naimy Irisiana Verlag, Obernhain	Das Buch von Mirdad
Flower A. Newhouse Aquamarin Verlag Forstinning/Mchn.	Engel und Devas
Sarvepalli Radhakrishnan Bertelsmann Verlag	Meine Suche nach Wahrheit
Herbert Pietschmann Paul Zsolnay Verlag Wien und Hamburg	Das Ende des naturwissen- schaftlichen Zeitalters
Jane Roberts Ariston Verlag Genf	Gespräche mit Seth
Jane Roberts Prentice Hall Verlag Englewood Cliffs, New Yersey (N.Y.)	The nature of personel reality – The Unknown Reality Volume 1 – and Volume 2 – The Education of Oversoul Seven
Edward Rusel	Design for Destiny
K. O. Schmidt Drei-Eichen-Verlag Engelberg und München	In Harmonie mit dem Schicksal – Dynamisierung – Der Schlüssel zum Glück – Meister Eckeharts Weg zum Kosmischen Bewußsein
Bill Schul Coronet Books Hodder Fawcett, London	The Psychic Frontiers of Medicine
Rudolf Steiner Rudolf-Steiner-Verlag Dornach	Philosophie der Freiheit – Ein Weg zur Selbsterkenntnis des Menschen – Die Schwelle der Geistigen Welt – Aus der Akasha-Chronik – Das Johannes-Evangelium – Die Verbindung zwischen Lebenden und Toten – Die Geheimwissenschaft im Umriß –
Paramahansa Yogananda Otto Wilhelm Barth-Verlag	Autobiographie eines Yogi

Notizen

Notizen

Notizen

Notizen

Notizen

Notizen